마법천자문

비밀의 사전

2 단어마법의 비밀

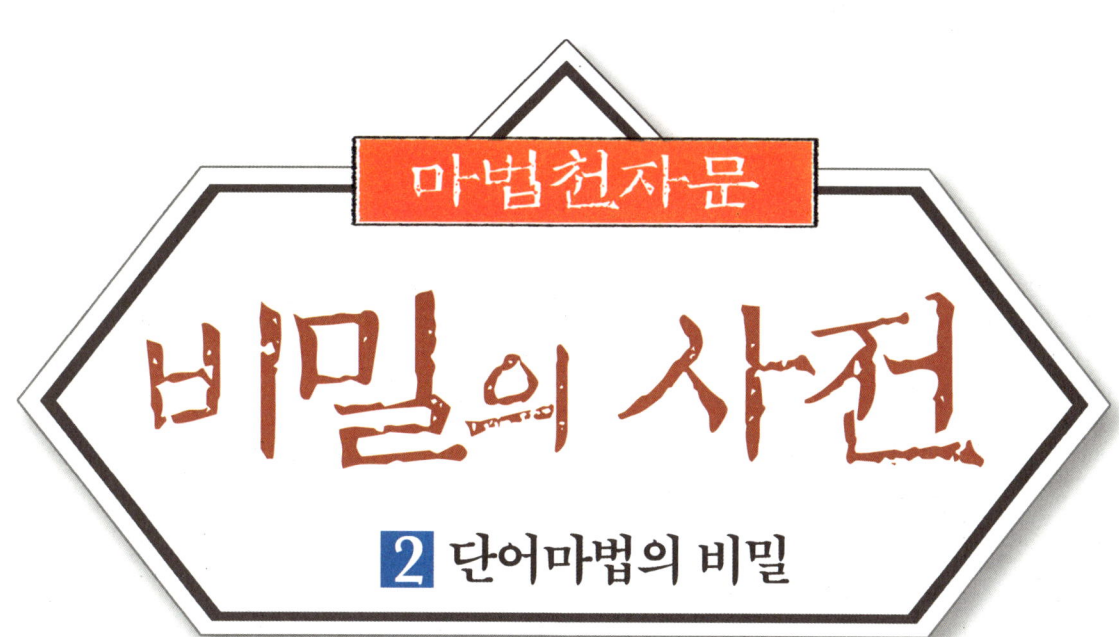

차례

	박물관 안내 지도	8
인물관	특종 인터뷰	12
	과거 추적	24
	사건 취재	32
역사관	100년 전투	42
	마법천자문 세계지도	44
아이템관	신기하고 놀라운 아이템 전격공개	48
	마법천자문 속 희귀한 식물 총정리	50
마법관	단어마법의 원리	54
	변신마법	58
	변화마법	66
	소환마법	110
	이동마법	132
	탐색마법	143
	심리마법	156
	치유마법	158
대회관	제2회 한자마법고수대회	162

특종! 마천 주인공들의 비밀을 밝혀라! ……… 40
벽화 보고 전설 만들기 ……… 46
기상천외한 아이템 사용기 ……… 51
제2회 한자마법고수대회 우승 후보 인터뷰 ……… 170

〈마법천자문 비밀의 사전〉 만들기 프로젝트 - 그 두 번째

신나는 마법 박물관으로 놀러 오세요

마법천자문 홈페이지를 통해 약 한 달 동안 〈마법천자문 비밀의 사전 2 만들기 프로젝트〉가 진행되었습니다. 〈마법천자문〉과 〈비밀의 사전〉을 사랑하는 많은 독자 분들이 프로젝트를 통해 마법 박물관을 미리 탐험하고 그 안에서 열리는 각종 이벤트에 참여해 주셨습니다. 독자 분들이 직접 올린 기발한 아이디어와 재미난 이야기를 〈비밀의 사전 2〉에 소개해 드립니다.

인물관 탐험 이벤트
어느 것이 진짜 기사일까?

마법천자문 주인공들의 비밀이 담겨 있는 인물관을 구경하면서 가짜 기사와 진짜 기사를 고르는 이벤트였습니다. 3가지 기사 중 가장 진짜 같은 기사를 찾아 투표하였습니다.

역사관 탐험 이벤트
벽화 보고 전설 만들기

벽화 3개의 장면을 보고 과연 3천 년 전에 무슨 일이 일어났는지 이야기를 짓는 이벤트였습니다. 많은 독자 분께서 기발하고 재미난 이야기를 보내 주셨습니다.

아이템관 탐험 이벤트
기상천외한 아이템 사용기

마법천자문의 신기한 아이템들이 소개되는 아이템관에서는 만약 '용기의 눈물'을 가지고 있다면 어떻게 사용할지에 대한 의견을 물었습니다. 굳은 마음을 풀어 주는 '용기의 눈물' 사용기를 많은 독자 분들께서 적어 주셨습니다.

대회관 탐험 이벤트
이번 대회엔 누가 우승할까?

〈비밀의 사전 1〉에서 최고의 인기를 누렸던 한자마법고수대회가 또 열립니다. 1권보다 더 쟁쟁한 후보들이 등장한 이번 대회를 독자 분들께서 미리 예상하고 가장 강력한 우승 후보자를 뽑아 주셨습니다.

특종 인터뷰!

마법천자문의 영원한 주인공

제1탄 ❖ 손오공

마법천자문의 주인공. 마법천자패를 찾아 내고, 사라진 문자 중 첫 번째인 벗우友 마법을 부활시킨 것도 손오공이죠. 사라진 문자를 찾고 대마왕 일행을 막는 데 최선을 다하고 있는 손오공을 만났습니다.

삼장을 위해 저팔계와 싸움까지 각오하신다고 했는데, 실제 저팔계를 본 느낌은 어땠나요?

삼장의 병을 고칠 수 있는 방법이 마법천자패밖에 없다면 당연히 저팔계와 싸워서라도 구해야 한다고 생각했어요. 하지만 저팔계가 정말 그렇게 크고 강할 줄 몰랐어요. 사실 처음엔 큰소리치고 왔는데 나중엔 뜻대로 되지 않아서 당황스럽기도 했어요.

하지만 결국 저팔계와 싸우게 됐잖아요. 무섭지 않았나요?

사실 돈돈의 메롱 수프 정도면 천자패를 얻을 수 있을 거라 생각했는데…. 그런데 저팔계가 돈킹 때문에 화나서 갑자기 샤오를 공격했잖아요. 거기다가 삼장과 옥동자까지 오게 되고. 잘못해서 친구들이 다치기라도 하면 어떻게 해요. 저팔계와 싸운다기보다 친구들을 보호하려고 그랬을 뿐이에요. 친구들을 위해서인데 뭐가 무섭겠어요!

 역시 친구를 위하는 마음이 대단하시네요. 하지만 친구인 동자를 의심하셨잖아요?

그때는 삼장이 마법천자패를 잃어버려 고통스러워하고 있어서 흥분했던 것 같아요. 처음에는 동자를 믿으려고 했지만, 토생원과 켄터킹이 마치 동자를 같은 편인 것처럼 말한 데다, 동자 손에 사라진 마법천자패가 있어 충격으로 정신을 못 차렸던 것 같아요. 헤헤헤! 나중에 동자에게 미안하다고 사과했어요.

마침 삼장 얘기가 나왔으니 묻겠는데요. 친구를 위하는 마음보다 삼장을 좋아하는 마음 때문에 그러신 건 아닌가요?

에이~, 무슨 말씀을! 삼장을 좋아하는 건 사실이지만 삼장과 마찬가지로 샤오와 동자, 끼로로, 여의필도 모두 좋아해요. 모두 제게는 정말 소중한 친구들이죠. 그렇기 때문에 누군가가 다치거나 아픈 것을 보고 싶지 않답니다.

 아, 또 호킹과의 대결에서 엄청난 충격을 받으셨던 게 기억나네요. 그땐 어땠나요?

으아~, 정말 충격이었어요. 사실 호킹은 한자마법이 아니더라도 제가 이길 수 있는 상대가 아니었던 것 같아요. 정말 무지하게 강했으니까요. 호킹은 지금까지 제가 만나 본 상대 가운데 최고로 강했어요. 호킹은 자신이 졌다고 했지만 사실은 저의 완벽한 패배였죠. 나중에 다시 한번 꼭 싸워 보고 싶어요.

 **특종 인터뷰!**

도저히 미워할 수 없는 악당!

제 2탄 ❦ 혼세마왕

대마왕의 부활에 실패했지만 여전히 손오공의 유일한 라이벌로 인정받고 있는 혼세 씨! 정말로 만나기 어려웠지만 독자 여러분을 위해 제가 몇 달을 찾아 헤맨 끝에 직접 만나는 데 성공했습니다!

 **결국 대마왕의 부활이 실패하고 그것 때문에 대마왕에게 벌을 받았는데요, 그때 기분은 어떠셨나요?**

3천 년 동안 꿈꿔 오던 부활이 실패했기 때문에 대마왕님께서 흥분하셨다고 생각하고 있습니다. 부하에게 너무 냉정히 대한다며 대마왕님을 탓하시는 분들도 계시지만, 저는 대마왕님께 목숨도 바치기로 충성을 맹세한 몸이기 때문에 모든 것을 대마왕님의 뜻에 따를 뿐입니다.

 **대단한 충성심이군요.**
 **왜 그렇게 대마왕에게 충성하는 거죠?**

대마왕님의 부활이 이번에는 실패했지만, 대마왕님의 힘이 남아 있는 한 다시 부활하실 거라는 희망을 잃지 않고 있습니다. 대마왕님께서 부활하시면 세상은 대마왕님의 것이 되는 거죠. 대마왕님의 세상이 펼쳐지는 게 제 삶의 목표라고 할 수 있죠.

 역시 멋진 말씀! 하지만 말씀보다 더 멋진 맨얼굴을 처음으로 공개하시면서 독자들의 반응이 아주 뜨거웠습니다. 그건 어떻게 생각하십니까?

방심하다가 이랑장군의 일격에 얼굴을 드러냈다는 사실은 저로서 반성해야 할 점입니다. 더군다나 많은 마법천자문 독자들께서 제가 잘생겼다고 하시지만, 전 그런 것에 아무런 관심이 없습니다. 제 관심은 오로지 대마왕님의 부활뿐입니다.

 혼세 씨는 이랑장군을 살려 주셨는데요, 그건 혼세 씨가 왕자라는 이랑장군의 주장과 관련이 있는 건가요?  아니면 혹시 이랑장군에 대해 다른 마음이라도?

으흠…, 전 다만 지금 하늘나라와 말썽을 빚게 되면 대마왕님의 부활에 문제가 생길 것 같아 이랑장군을 해치지 않은 것뿐입니다. 그리고 내가 하늘나라의 왕자라는 건 그저 위기를 모면하려는 이랑장군의 헛소리라고 생각합니다. 다른 마음이오? 절대 없습니다. 뭐, 이랑장군의 미모는 인정하지만… 아까도 말씀드렸던 것처럼 저는 대마왕님밖에 관심이 없습니다.

 그럼 마지막으로 악할 악 惡 마법까지 포함해 악마 惡魔의 세례를 받으셨는데, 만족하시나요?

그 동안 부러진 한쪽 뿔로 인해 제가 정신력이 나약하다는 소문이 많았는데, 이 기회에 그 소문이 사라질 것 같아 만족하고 있습니다. 그리고 이젠 더욱 강력해진 힘으로 대마왕님의 부활을 방해하는 적들을 물리칠 겁니다. 앞으로 제가 펼칠 더 멋진 활약을 기대해 주십시오.

십이신마의 대표 주자

제 3탄 ❦ 돈킹

마법천자문에 나오는 십이신마들 중 가장 처음에 등장했던 인물은 바로 돈킹이었습니다. 독자들에게 십이신마의 존재를 알려 주고 여러 가지 활약을 펼쳤던 돈킹을 만나 궁금한 점들을 물어 보았습니다.

무척이나 돈돈과 친해지고 싶어하던데 돈돈이 마음에 들었나요?

하하하, 웃기지 마세요. 전 다만 마법천자패를 돈돈의 할아버지인 저팔계가 갖고 있다는 사실을 알고 돈돈을 이용하기 위해 접근한 것뿐이라고요. 그리고 돈돈은 제가 좋아하는 스타일이 아니에요. 전 그렇게 하얗고 포동포동한 돼지는 별로 좋아하지 않아요.

지방 제로, 근육 만땅이라면서 자신 있는 모습을 보여 주셨는데 해(亥)족은 모두 그런가요?

그걸 지금 질문이라고 하시나요? 우리 돼지 종족인 해(亥)족은 완벽한 진짜 돼지들이라고요. 먹을 것 좋아하고, 뚱뚱함을 자랑으로 여긴답니다. 하지만 전 우리 돼지 종족의 영광을 위해 내 한 몸 바치기로 결심하고 열심히 운동하고 먹을 것도 안 먹어서 지금의 몸을 만들었다고요. 전 우리 종족 가운데서 가장 위대한 돼지라고 할 수 있어요.

 토생원의 계획에 동참하셨는데 직접 작전을 짤 생각은 못 하셨나 봐요?

부끄러운 얘기지만 전 근육돼지가 되기 위해 열심히 운동만 했어요. 그래서 공부는 하나도 못했죠. 그리고 원래 좀 머리가 나쁘다고 해야 하나…. 근데 토생원 녀석이 머리는 좋지만 힘은 약하잖아요. 토생원의 계획을 따르다가 나중에 마법천자패와 천자문 조각을 모두 제가 차지하려고 했죠.

 토생원에게 배신당한 후 켄터킹에게 쫓겨 달아났는데 창피하지 않았나요?

전혀요. 왜 그래야 하죠? 토생원에게 배신당한 건 제가 토생원보다 머리가 나쁘기 때문이고, 켄터킹에게 쫓겨 달아난 건 켄터킹보다 힘이 약했기 때문이잖아요. 켄터킹의 실력은 이미 알고 있었거든요. 하하하, 왠지 제 인기가 떨어지겠는걸요.

 결국 율법의 사슬로 고통받던데 그건 십이신마들의 규정인가요?

맞습니다. 십이신마들은 만일 임무를 완수하지 못하면 율법에 따라 벌을 받게 되어 있어요. 율법의 사슬은 한자마법을 사용하지 못하게 하는 힘이 있거든요.
그 상태에서 아플 통 痛 마법을 당하게 되면 무척이나 괴롭다고요. 끔찍했어요. 다시는 받고 싶지 않아요.

특종 인터뷰!

십이신마의 치밀한 전략가

제 4탄 ◆ 토생원

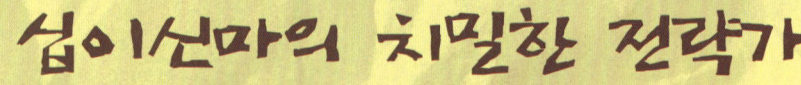

십이신마 가운데 처음으로 마법천자패를 손에 넣었던 건 바로 토생원이었죠. 대단한 노력과 치밀한 계획으로 천자패를 얻었는데, 그 이후 갑작스럽게 마음을 바꿔 독자들을 놀라게 했던 토생원을 직접 만나 이야기를 들어 봤습니다.

진짜로 천자패를 얻기 위해 기장도사에게 접근한 건가요?

그렇습니다. 만약 천자패를 누군가가 손에 넣게 되면 어둠의 땅에서 마정석 연구를 하고 있는 기장도사님을 찾아올 거라고 생각했죠. 그래서 미리 제자로 들어간 거죠. 역시 제 예상이 맞았잖아요.

그렇다면 기장도사가 순순히 받아들여 주셨나요? 기장도사를 어떻게 설득했죠?

먼저 기장도사님이 어떤 분인지 철저히 조사했죠. 기장도사님은 끈기가 있는 사람을 좋아하신다는 걸 알고 한 번에 끝낼 일도 일부러 실수하고는 끝까지 매달리는 모습을 보여 드렸죠. 그래서 결국 제자가 되었고요.

 **대단하시네요. 원래 그렇게 머리가 좋으신 건가요?**

우리 묘(卯)족은 다른 종족에 비해 몸집도 작고, 힘이 약해서 머리를 쓰는 훈련을 많이 했어요. 그 훈련이란 게 머리를 써서 치밀한 계획을 짜고, 남의 마음을 파악해 속이기 위한 것들이죠. 그래서 십이신마 가운데서 계획을 짜는 역할을 많이 했답니다.

 **만일 마법천자패를 동자가 훔쳤을 때 그대로 갖고 달아났으면 일이 성공했을 텐데, 왜 동자를 끝까지 파멸로 몰고 갔나요?**

그건 기장도사님이 모아 놓은 천자문 조각까지 차지하기 위한 계획의 일부였어요. 전 완벽한 걸 좋아하니까요. 하지만 친구를 의심할 수 없다는 손오공의 말에 흥분해서 원래 없었던 계획까지 추가한 게 실패의 원인이 되었죠.

 **그럼 왜 갑자스럽게 마음을 바꿔 손오공 편이 되어 그런 고생을 하신 거죠?**

처음엔 켄터킹이 떠나고 손오공이 무서워 일단 잘못했다고 말했지만, 삼장과 손오공은 제가 가진 할아버지에 대한 나쁜 기억을 바꿔 줬어요. 사실 전 누군가를 믿고 싶지 않은 게 아니라 배신당할까 봐 두려워했던 거죠. 하지만 손오공은 달랐어요. 그래서 믿어 보기로 결심한 거랍니다.

하늘을 나는 닭 중의 닭

제 5탄 ❦ 켄터킹

닭 중의 닭이라고 소개된 십이신마! 멋지게 등장했지만 잘난 척한 것보다 망신당한 게 더 많은 켄터킹이었죠. 여러 가지 일로 독자들을 만나기 창피하다고 숨어 있는 켄터킹을 힘들게 찾아서 인터뷰했습니다!

같은 십이신마인 돈킹을 밀어 내고 토생원의 계획에 참가하게 된 계기가 뭔가요?

하하하, 뭐긴 뭐예요. 어차피 우리 십이신마는 대마왕의 명령에 잘 따라야 자유로운 몸이 될 수 있는 처지라고요. 그래서 지금은 대마왕의 부하인 흑심에게 잘 보이는 게 가장 중요하다고 생각했죠. 마법천자패와 천자문 조각을 모아서 흑심에게 잘 보이면 우리 종족이 먼저 편하게 지낼 수 있겠다는 생각 때문이었어요.

토생원이 돈킹과 마찬가지로 켄터킹도 배신할 거라는 생각은 안 해보셨나요?

당연히 토생원 녀석은 믿을 수가 없죠. 하지만 전 제 힘을 믿거든요. 배신할 낌새가 조금이라도 보인다면 힘으로 토생원을 물리치고 마법천자패와 천자문 조각을 차지할 생각이었죠.

보통 닭은 날 수가 없다고 하던데, 닭 종족인 유(酉)족은 모두 하늘을 날 수 있나요?

당연히 그럴 리 없죠. 우리 유(酉)족은 모두 평범한 닭들이에요. 십이신족에 대해 뭔가 오해하고 있는 것 같은데, 각 종족의 우두머리 격인 십이신마들을 빼놓고는 대부분 평범하다니까요. 물론 지금은 그 평범한 종족들 모두 어딘가에 갇혀 있지만요.

기장도사에게 자신만만하게 싸움을 걸었다가 망신을 당했는데, 심정이 어떤가요?

체, 그런 얘기는 안 할 수 없나요? 창피하단 말이에요. 하지만 제가 약한 건 절대 아니었어요. 기장도사가 보기에는 작고 힘없는 노인처럼 보이지만 엄청나게 강하더라고요. 그러게 사람은 겉모습만 보고 알 수 없다는 말이 딱 맞는 것 같아요.

창피한 게 또 있었죠. 끼로로에게도 망신을 당해서 결국 달아나셨는데 거기에 대해서도 한 말씀 해 주세요.

아이고, 얼굴이 화끈거리네. 진짜 자꾸 곤란하게 하지 마세요. 나중에 알았지만 끼로로라는 그 녀석, 전설의 마수라면서요? 전설의 마수라면 우리 십이신마 중에서도 그 녀석이랑 싸워서 이길 수 있는 십이신마는 몇 명 없을 거예요. 하여튼 토생원 녀석, 쓸데없는 일을 벌여서 망신만 톡톡히 당하게 만드네. 나중에 보면 가만두지 않겠어요.

십이신마 중 최강의 전사

제 6탄 ❦ 호킹

최강의 전사! 긍지 높은 전사! 이건 모두 그를 소개하는 수식어입니다. 과연 누구일까요? 맞습니다.
바로 십이신마 중 인(寅)왕! 호킹이죠. 독자들의 열화와 같은 성원에 힘입어 호킹과의 인터뷰를 시작합니다.

첫 등장에서 죄수 신분이라고 소개하던데, 도대체 무슨 죄를 지으셨나요?

난 죄를 짓지 않았소. 지금부터 2천5백 년 전 우리 십이신마들은 마법장벽 때문에 죄수 아닌 죄수의 신분이 되어 대마왕의 부하가 될 수밖에 없는 처지였소. 난 대마왕의 부하가 된다는 게 참을 수 없어서 싸우려고 결심한 것뿐이었소. 물론 토생원이 모든 것을 고자질하는 바람에 실패하긴 했지만.

율법의 사슬을 달고도 흑심마왕에게 굽히지 않으시더군요. 율법의 사슬이 두렵지 않나요?

거듭 말하지만 난 죄수가 아니오. 그리고 율법의 사슬도 우리 십이신족이 채운 게 아니라 대마왕의 부하인 혼세마왕에게 당해 찬 것뿐이오. 보통의 십이신마들은 율법의 사슬을 차게 되면 그 고통을 두려워하지만, 난 아니오. 오히려 율법의 사슬은 내가 대마왕에게 대항했다는 자부심이 느껴지는 물건이오.

 **손오공과의 싸움에서 흑심마왕마저도 가둘 수 囚 마법으로 가두어 버렸잖아요. 그 이유가 뭐였나요?**

난 전사요. 전사는 정정당당히 적과 싸우는 것이라고 생각하오. 그런데 흑심, 그 녀석은 정정당당하지 못한 짓을 저질렀소. 물론 그건 그 녀석의 자유니까 상관 없지만, 그 때문에 내 전투가 엉망이 되는 건 참을 수가 없었소. 내 실력을 믿지 못하는 것이라고 생각할 수밖에 없었기 때문에 가두게 된 거요. 후회는 하지 않소.

 **손오공과의 싸움에서 다 이긴 싸움을 졌다고 선언했습니다. 어째서죠?**

손오공이라는 녀석, 꽤 괜찮은 녀석이오. 지금까지 내가 잊고 있었던 전사의 가장 큰 무기! 용기를 깨닫게 해 주었소. 끝까지 포기하지 않는, 결코 굴하지 않는 마음을 난 2천5백 년 동안 잊고 있었던 것 같소. 그 덕분에 이제부터 십이신족의 자유를 위해 싸울 각오를 다시 하게 되었소. 그렇기 때문에 졌다고 말한 거요.

 **토생원을 용서하지 않겠다고 하셨는데, 진심이신가요?**

후후후, 손오공에게 졌다고 선언하면서 토생원에게 품었던 나쁜 마음은 버렸소. 과거에 토생원이 나를 고자질한 건 어쩔 수 없는 일이었다는 걸 알고 있었소. 나는 내 화를 풀어야 할 대상이 필요했던 것 같소. 하지만 이젠 그 대상을 확실히 알게 되었소. 바로 우리 십이신족을 이렇게 만들어 버린 대마왕이오! 기대하시오. 언젠가 대마왕을 내 주먹으로 쓰러뜨리게 될 테니까.

마음씨 착한 어린 쌀도사

최고의 미인이 최고의 고수로,
쌀도사의 과거 전격공개!

쌀도사가 한자마법 도사로 변신한 까닭은 무엇일까요?

어린 시절, 쌀도사는 착하고 예쁜 여자 아이로 마을 사람들의 **사랑**을 많이 받았대요.

그런데 그녀의 아름다움에 반한 **나쁜 요괴**가 그녀를 신부로 맞이하기 위해서 마을 사람들을 협박했답니다.

마음씨 착한 쌀도사는 자기 때문에 마을 사람들이 **희생될까 봐** 눈물을 머금고 **요괴의 신부**가 되기로 결심했어요.

다행스럽게도 마침 그 곳을 지나가는 **선현인**이 그녀의 사정을 듣고는 나쁜 요괴를 무찔러 주었답니다.

그런데 선현인이 나쁜 요괴를 처치하려는 순간, 쌀도사가 요괴를 죽이지 말아 달라며 선현인에게 애원했어요.
생명은 소중한 것이라면서 말이죠.

선현인은 쌀도사의 **아름다운 마음씨**에 감동받아 그녀를 제자로 받아들였어요. 이것이 최고의 미인이었던 쌀도사가 한자마법의 도사가 될 수 있었던 까닭이랍니다.

물론 그 때 선현인이 요괴의 **나쁜 마음도 정화**시켜 줘서 개과천선한 요괴는 마을 사람들과 잘 지내게 되었지요.

과거 추적 최초공개!!
보리도사의 제자 입문기

천하장사 출신 한자마법 고수, 보리도사의 과거 전격공개!

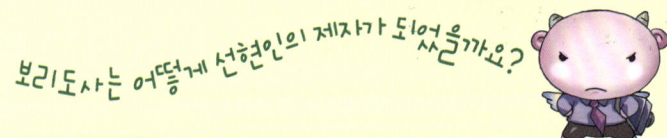

보리도사는 어떻게 선현인의 제자가 되었을까요?

보리도사는 어릴 때 커다란 물건도 번쩍번쩍 드는 엄청난 힘을 갖고 태어나 많은 사람을 놀라게 한 **꼬마 천하장사**였어요.

하지만 워낙 힘이 강했던 탓에 자라날수록 **건방**져지고, 공부 따위는 거들떠보지도 않은 채 힘 자랑만 하는 아이가 되었답니다.

그러던 어느 날 선현인의 제자인 쌀도사라는 **어린 여자 애와 대결**을 펼치게 되었어요. 물론 보리도사는 절대 자신이 질 거라는 생각을 하지 않았죠.

하지만 보리도사는 **한자마법의 위력**을 알지 못했어요. 보리도사는 쌀도사의 옷깃 한 번 건드려 보지 못한 채 완벽하게 패배하고 말았죠. 보리도사는 큰 충격에 빠졌어요.

보리도사는 어떻게든 쌀도사를 이기고 싶었어요. 그래서 그녀의 스승인 선현인에게 찾아가 **제자가 되게 해 달라고 애원**했죠.

그 때 보리도사는 선현인에게 잘 보이기 위해 엄청난 양의 **동물들을 사냥**해 갔는데, 그 때문에 선현인이 살고 있는 마을에선 몇 날 며칠을 잔치로 보내야 했다는 전설 같은 이야기가 전해진대요.

그 후 보리도사는 쌀도사를 이기려고 열심히 노력했는데, 그때부터 **쌀도사와 보리도사가 라이벌**이 되었다고 전해진답니다.

과거 추적 최초 공개!!
콩도사와 짹짹이 친구

아픔을 치유하는 한자마법 고수, 콩도사의 과거 전격공개!

콩도사는 어떻게 의술을 잘 하게 되었을까요?

콩도사는 어렸을 때부터 **북슬북슬한 머리카락과 두툼한 입술** 때문에 놀림을 당해서 친구들이 하나도 없었어요.

그러나 그런 어린 콩도사에게도 유일한 친구가 있었답니다. 콩도사의 북슬북슬한 머리가 집인 줄 알고 있는 새 한 마리였죠. 이름은 **짹짹이**였답니다.

어느 날 짹짹이가 알 수 없는 병에 걸려 죽어가자 어린 콩도사는 선현인에게 찾아가 **짹짹이를 살려 달라며 눈물로 애원**했어요.

선현인은 짹짹이를 치료하는 동안 곁을 떠나지 않고 간호하는 어린 콩도사에게서 다른 아이들보다 **치유 에너지**가 많음을 발견하게 되었죠.

그래서 선현인은 콩도사에게 의술을 가르쳐 주기 시작하셨어요. 콩도사가 본래 가지고 있는 **치유 에너지**와 **훌륭한 가르침이 조화**를 이루면서 콩도사는 선현인의 의술을 가장 많이 이어받게 되었답니다.

콩도사가 유명한 의사가 되었을 때 짹짹이는 늙어 죽어 버리고 말았어요. 그 때부터 콩도사는 병원을 지어 아픈 사람을 사랑하는 마음으로 돌봐 주셨대요.

콩도사님이 머리에 빗을 꽂고 있는 이유는 **짹짹이가 항상 앉아 있던 자리**가 허전해서랍니다.

과거 추적 최초 공개!!

기장도사의 풋풋한 첫사랑

연구에 몰두하는 한자마법 고수,
기장도사의 과거 전격공개!

기장도사는 왜 어둠의 땅으로 떠났을까요?

기장도사는 어릴 때부터 **내성적인 성격** 때문에 선현인의 다른 제자들과 잘 어울리지 못하고 혼자 지내는 시간이 많았어요.

친구들과 노는 게 즐겁지 않았던 기장도사는 다른 아이들이 놀 때 할 일이 없어서 하는 수 없이 **혼자서 공부**를 하게 되었죠.

그런데 공부를 열심히 하자 스승인 선현인에게도 칭찬을 받고 아이들도 모두 기장도사를 좋아하며 **관심**을 나타냈어요.

그 때부터 기장도사는 스승인 선현인과 아이들에게 **자신의 존재를 인정받는 방법**으로 공부를 택해서 열심히 공부하게 되었어요.

그러던 중 같은 선현인의 제자 중 한 명인 조도사에게 반해 버리게 되었죠. 기장도사의 **풋풋한 첫사랑**이 시작된 거죠.

기장도사는 오랫동안 고민하다가 용기를 내서 조도사에게 고백했지만 조도사는 그냥 **친구로 지내자며 거절**하고 말았어요.

고백했다가 거절당한 기장도사는 부끄러움 때문에 스승인 선현인에게 **어둠의 땅**으로 가도 좋다는 허락을 받아 내고, 지금까지 그 곳에서 계속 연구를 하고 있답니다.

사건 취재

끼로로 행방불명 사건!

끼로로는 어떻게 맥주병과 함께 있게 됐는지 밝혀 봤어요!

갑자기 사라져 옥동자의 애를 태우던 끼로로. 그러나 옥동자의 걱정과 달리 맥주병과 함께 노래까지 부르며 신나서 나타났잖아요. 도대체 맥주병과 끼로로에게 무슨 일이 있었던 것일까요?

끼로로~, 어디 갔다 온 거야??

궁금하면 여길 보라고~!!

사건발생 5시간 전

늦잠을 잔 끼로로.
일어나 보니 보리선원에는 아무도 없었어요.
그래서 끼로로는 메모를 남기고
삼장을 찾아 나서기로 결심했죠.

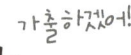
가출하겠어!

사건발생 4시간 전

그런데 끼로로가 숲 속에서 그만
길을 잃어버리고 말았어요.
끼로로는 배고픔과 두려움으로
삼장을 찾으면서 울다가
지쳐 가고 있었죠.

사건발생 3시간 전

배고픔과 삼장에 대한 그리움으로
지쳐 쓰러진 끼로로에게
구원의 천사 등장!
그 사람이 바로
자칭 꽃미남!
맥주병이었어요.

사건발생 2시간 전

맥주병은 쓰러져 있는 불쌍한 끼로로에게
자신이 가지고 있는 빵을 나눠 주었어요.
끼로로는 맥주병의 그런 착한 모습에
반하게 되었어요.

사건발생 1시간 전

맥주병이 끼로로에게 마법을 걸어
서로 대화할 수 있게 되면서 친해졌죠.
맥주병은 끼로로가 원하자 자신의
최고 히트곡인 삼장을 위한 노래 제 1탄을
가르쳐 주었답니다.

사건 취재

무인도의 주인은 누구?

무인도가 정말 돈돈의 섬인지 알아봤어요!

약초를 찾으러 무인도에 간 동자와 손오공은 우연히 돈돈을 만나게 됐어요. 귀엽게 생긴 돈돈이 그들을 보면서 처음 외친 한 마디! "허락도 없이 내 섬에 들어오다니!"였어요. 그 무인도는 정말 돈돈의 섬일까요?

11년 전 추적

돈돈은 돼지 종족에서 가장 유명하고 존경받는 저팔계의 손녀로 태어났어요. 돈돈의 아버지는 저팔계의 외아들로 유명한 학자이고 어머니는 하늘나라의 선녀예요.

5년 전 추적

돈돈은 태어나자마자 부모님과 떨어져 할아버지와 함께 살았어요. 저팔계는 돈돈이 안타까워 불면 날아갈까 쥐면 꺼질까 돈돈을 감싸며 예뻐했어요.

4년 전 추적

돈돈은 씩씩하고 밝은 아이로 자랐지만
아무리 먹어도 살이 찌지 않았어요.
사실 돈돈은 엄마를 더 많이
닮았기 때문에 외모가 돼지와는
많이 달랐거든요.

3년 전 추적

돈돈은 할아버지처럼 되고 싶어서
살찔 방법을 찾았어요. 그래서 요리를
직접 하기 시작했는데 재료를 구하러 다니다가
엄청난 약초와 열매들이 가득한
무인도를 발견하게 됐어요.

엄마 최고!

1년 전 추적

돈돈의 열 살 생일에 하늘나라에 있던
어머니가 돈돈을 만나러 내려왔어요.
어머니가 생일 선물로 받고 싶은 것을 묻자
돈돈은 무인도의 재료들을 마음껏
사용할 수 있게 해 달라고 부탁했어요.
돈돈의 어머니는 옥황상제님께 얘기해서
무인도를 사용할 수 있는 허가증을 받아
돈돈에게 주었답니다. 결국 무인도는 돈돈의
섬이라고도 할 수 있는 거죠. 후후후!

사건 취재

돼지섬에 온 삼장과 동자

잠든 삼장을 데리고 동자가 어떻게 돼지섬까지 왔을지 추적해 봤어요!

잘 면 眠 마법으로 삼장을 재웠던 옥동자. 그런데 어떻게 옥동자는 쌀선원에서 편하게 자고 있어야 할 삼장을 업고 손오공을 도와 주러 멀리 돼지섬까지 오게 된 거죠? 삼장과 옥동자에게는 무슨 일이 있었을까요?

돼지섬으로 출동!

사건발생 2시간 전

손오공을 구하러 가겠다는 삼장을 억지로 재워 놓고 옥동자는 안도의 한숨을 쉬었어요. 만일 삼장이 손오공을 도와 주러 갔다면 쌀도사에게 혼날 거라고 생각했기 때문이죠.

사건발생 1시간 30분 전

그런데 삼장이 잘 면 眠 마법에 걸렸는데도 손오공을 걱정하는 마음에 마법을 극복하고 잠에서 깨어나 버렸어요. 그 모습에 옥동자는 소스라치게 놀랐죠.

헉! 어떻게 일어났지?

사건발생 1시간 10분 전

옥동자는 다시 삼장에게
잘 면 眠 마법을 걸어 보지만
삼장의 굳은 결심 앞에 한자마법은
아무런 소용이 없었어요.

손오공에게
나를
보내 줘~!

사건발생 1시간 전

게다가 끼로로가 삼장에게 나타나자
옥동자는 어쩔 수 없이 삼장을 업고
선원 밖으로 뛰쳐나왔어요.
어디로 갈까 망설이는데 삼장이
마법을 사용해 팔계전에 도착하게 됐어요.

사건발생 1분 전

삼장과 옥동자는 열 개 開 마법으로
팔계전 안으로 급히 들어갔죠.
샤오의 위기를 본 옥동자는
삼장의 명령으로 덜 감 減 마법을
사용하게 됐죠. 옥동자는 사실
얼떨결에 왔으면서 "친구를 돕기 위해
왔다."고 아이들에게 큰소리쳤어요.

사건 취재

마법에 걸리지 않는 저팔계

저팔계의 체질, 그 비밀을 밝힌다!

眠 마법을 걸었지만 바로 깨어나는 저팔계! 뭐, 마법에 안 걸리는 체질이라니 과연 그런 특이한 체질도 있을까요? 궁금한 저팔계의 체질, 그 숨겨진 비밀을 밝히기 위해 샅샅이 조사해 봤어요.

첫 번째 조사

저팔계는 엄청난 몸무게를 가진 데다 겹겹의 살들이 거대한 체력을 만들어 몸을 보호하고 있었어요.
이렇게 살이 많으니 약한 마법은 아예 몸 안으로 통과하지도 않는 게 당연하죠.

두 번째 조사

싸울 때 빨개지는 저팔계의 얼굴은 강한 정신력의 증거더군요. 저팔계는 흥분하기 시작하면 정신력이 온통 머릿속에서 빠져 나와 몸을 둘러싸기 때문에 한자마법이 더욱 안 걸리게 됩니다.
머리가 멈추는 것도 이 때문이 아닐까….

세 번째 조사

아무리 체력과 정신력이 강하다고 해도
한자마법에 걸리지 않는 것은
이해할 수 없는 일이죠. 더 살펴보니
저팔계는 엄청나게 한자마법 수련을 하는
노력파로, 몸 구석구석 마법 능력이
담겨 있는 것 같아요. 그래서 웬만한 공격은
한자마법을 따로 쓰지 않아도
바로 방어할 수 있는 게 아닐까요.

네 번째 조사

우연히 돈돈이 만든 특이한 수프를
맛있게 먹는 저팔계를 발견!
그 음식을 살펴보았더니 처음 보는
빨갛고 작은 열매가 들어 있었어요.
이 열매 때문이라는 생각이
강하게 들었죠.

체질 조사 결론

저팔계나 돈돈에게 직접 인터뷰를
시도해 봤지만 모두들 약속이나 한 듯
알려 주지 않더군요. 뭐, 아직도
미심쩍기는 하지만 바로 이 4가지 이유가
마법에 걸리지 않는 저팔계의 체질을
만드는 게 아니겠어요?
여러분이 믿거나 말거나 말이죠. 후후후!

인물관 탐험 이벤트

어느 것이 진짜 기사일까?

마천일보에 3가지 기사가 실려 있네요. 하지만 이 중에서 한 가지만 진짜 기사로 밝혀졌습니다.
인물관을 모두 읽은 독자 분들은 쉽게 찾을 수 있겠죠? 함께 찾아볼까요?

끼로로 행방불명 사건 전격 취재
끼로로는 어떻게 맥주병과 함께 있게 됐나?

옥동자를 당황시켰던 끼로로 행방불명 사건! 옥동자는 하루 종일 찾아 헤매다가 저녁이 돼서야 맥주병과 함께 있는 끼로로를 발견했다. 일단 끼로로가 나타나서 다행이었지만 끼로로가 어떻게 처음 보는 맥주병과 있게 됐는지 의문이 일고 있다. 사건 취재 중 만나게 된 쌀선원의 왕겁나 양은 "숲 속에서 맥주병이 끼로로에게 노래를 가르쳐 주는 걸 봤어요. 항상 제자를 찾았던 맥주병이 순진한 끼로로를 꼬신 게 분명해요."라고 진술했다. 왕겁나 양의 진술로 맥주병은 순진한 끼로로를 꼬셔서 제자를 삼으려 했다는 비난을 받게 되었다.

TIP 음…, 어디가 잘못된 것인지 알 수 있죠? 맥주병은 끼로로를 일부러 꼬신 게 아니라 숲 속에 쓰러져 있는 끼로로를 구해 줬을 뿐이죠. 왕겁나 양이 맥주병과 끼로로가 숲 속에 같이 있다는 것만으로 오해한 모양이네요. 이 기사가 진짜라고 투표해 준 독자는 197명으로 28%나 됐네요. 모두들 착한 맥주병을 오해했네요. 반성하세요~.

십이신마 토생원 전격 인터뷰
토생원의 빈틈없는 계획은 "타고난 것"

십이신마 중 최초로 마법천자패를 손에 넣었던 토생원의 행동에 많은 사람들이 놀라지 않을 수 없었다. 토생원이 미리부터 기장도사의 제자가 된 점이나 옥동자를 이용해 손오공 일행을 속인 점은 빈틈없는 계획으로 평가받고 있다. 토생원 스스로도 "나의 계획은 모두 완벽했다."고 밝혔다. 어떻게 그런 계획을 짤 수 있냐는 기자의 질문에 토생원은 "똑똑한 머리는 종족의 특징으로 타고났고 우리 종족 대대로 내려오는 뛰어난 훈련 덕분이다."라고 자랑했다.

TIP 토생원의 인터뷰를 읽었다면 모두 이 기사가 진짜라는 것을 알 수 있었죠? 162명(23%)이 뽑아 주셔서 가장 낮은 순위를 기록했지만 토생원의 완벽한 계획은 바로 종족의 우수한 훈련을 받아서라고 하는군요. 토생원이 워낙 거짓말을 잘 해서 독자 분께서 또 못 믿었던 거였나요? 후후후!

새롭게 뜨는 패션 집중 분석
콩도사 패션의 핵심, 빗의 의미를 밝혀라!

최근 환자들 사이에서 콩도사 패션이 뜨겁게 유행하고 있다. 모두들 콩도사를 존경하는 의미에서 북슬북슬한 머리 스타일과 멋진 구레나룻, 머리에 꽂은 빗을 따라 하고 있다. 그러나 콩도사 패션을 따라 하는 사람들이 늘어날수록 머리에 꽂는 빗의 의미에 대한 궁금증도 커져 가고 있다. 콩도사의 친구 중 한 명인 보리도사는 "그 빗은 콩도사가 가장 사랑했던 여자에게 선물 받은 것으로 그 여자를 그리워하는 마음에서 항상 머리에 꽂고 있다."고 설명했다.

TIP 콩도사가 머리에 꽂고 있는 빗의 의미를 밝힌 기사였죠. 334명으로 48%의 독자 분께서 진짜라고 투표하셔서 1위로 뽑혔지만 사실이 아니었어요. 그 빗은 콩도사가 정말 사랑했던 애완새 짹짹이에 대한 그리움의 표시였답니다.

 # 역사관 둘러보기

1권에 이어

왕자와 염라대왕을 중심으로 한
하늘나라 군사들은 108 요괴들에게
거센 공격을 퍼부었다.

그러나 더욱 사악한 힘을 가진 새로운
요괴들이 나타나면서 하늘나라
군사들의 힘으로는 당해 낼 수가 없었다.

계속되는 패배 속에 하늘나라 군사들은
후퇴할 수밖에 없었고
요괴들의 승리는 계속될 것만 같았다.

이 때 하늘나라에서는 현인들이 옥황상제의
명령으로 새롭게 발견된 한자마법의 체계를
연구하여 발전시키고 있었다.

100년 전투

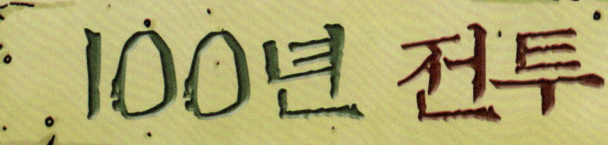

한편, 혼란스러운 지상에서는 **마정석**이라는 알 수 없는 힘을 가진 새로운 광물이 발견되었다.

하늘나라의 현인들은 마정석에 깃든 신기한 힘을 **한자마법과 결합할** 방법을 연구하였다.

마침내 현인들은 마정석과 한자마법의 힘을 이용해 거대한 능력을 가진 **마법천자문 비석**을 만들어 내게 되었다.

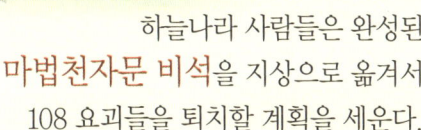

하늘나라 사람들은 완성된 **마법천자문 비석**을 지상으로 옮겨서 108 요괴들을 퇴치할 계획을 세운다.

현인들은 마법천자문 비석의 엄청난 힘으로 세상을 어지럽히는 108 요괴들을 빨아들여 그 속에 가두어 놓는 데 성공했다.

3권에서 계속

무인도
갖가지 재료와 약초가 가득한 곳으로 돈돈이 주로 요리를 연구하는 장소이다.

기장선원
기장도사가 어둠의 땅에서만 나는 마정석을 연구하기 위해 세운 선원

돼지섬
돼지 중에 가장 유명한 돼지인 저팔계와 돈돈이 생활하는 팔계전이 있다.

도술섬
쌀도사와 보리도사가 생활하는 쌀선원과 보리선원이 있고 전설의 마수가 머물던 지하미궁이 있는 장소

무인도
돼지섬
기장선원
쌀선원
보리선원
지하미궁

화과산
손오공과 그 부하들이 함께 살았던 손오공의 고향

화과산

의술섬

역사관 탐험 이벤트
벽화 보고 전설 만들기

벽화를 보고 많은 독자 분께서 재미난 이야기를 올려 주셨습니다.
총 182개의 이야기 가운데 가장 재미있는 이야기 2가지를 소개합니다.

요괴들의 놀이 박지민 | catmagado

옛날 옛적에 요괴들이 사람들을 못살게 굴었어요. 길거리에서 통행세도 받고 인간을 때리기도 했지요. 그래서 하늘나라에서는 구름 타는 사람들만 모아서 요괴들을 공격하기 시작했어요.

그런데 하늘나라 군사들은 요괴에게 지게 됐고 우울해진 옥황상제는 아무 것도 하기 싫어졌어요. 그런데 요괴들이 옥황상제에게 "너희들이 졌으니 나한테 선물로 멋있는 돌을 달라."라고 하는 게 아닙니까! 게다가 옥황상제에게 직접 캐 오라고 시켰어요. 지문 검사까지 철저히 한다고 하자 옥황상제는 어쩔 수 없이 부하들과 같이 돌을 캐러 다녔어요. 그러다 초록색 돌멩이를 하나 발견했어요. 옥황상제는 빛이 화려한 돌을 보고 "이거면 만족하겠지." 하고 요괴에게 가져다 줬어요. 요괴는 초록색 돌보다는 빨간색 돌을 좋아했지만 화려한 빛이 맘에 들어 그냥 받았어요. 대신에 그 돌을 빨간 물감에 담그고 놀았죠. 요괴들은 '포로 탈출'이란 놀이를 하려고 빨간 줄을 돌에 묶어 놓고 또 다른 쪽 줄의 끝으로는 자기 몸을 묶었어요. 그런데 서로서로 너무 꽉 묶어서 못 빠져 오게 돼 버렸답니다. 요괴들은 아직도 포로 탈출 놀이를 하고 있습니다.

천세태자의 실수 강봉수 | qhdtn1118

평소 마법약 섞기를 좋아했던 천세태자는 마법약 섞기를 하다가 실수로 善 물약과 惡 물약을 동시에 엎어 버려 물약이 섞여 버렸다. 그러자 사악한 마음과 선한 마음을 절반씩 가지고 태어난 악선요괴가 108마리나 생겨났다. 그런데 악선요괴가 세상을 떠돌아다니다 대마왕을 만나 악한 마음만 가진 요괴로 변해 버렸다. 악선요괴는 그 때부터 그냥 악요괴라고 불리게 되었다.

악요괴가 하늘나라에서 횡포와 난리를 피우자 석가여래는 108마리 요괴를 잡을 방법을 찾기 위해 책을 읽다가 어둠의 땅에 있는 영롱한 초록빛 돌이 세상을 폭발시킬 만한 힘을 가지고 있다는 글을 보게 되었다. 석가여래는 그 돌(마정석)을 캐서 요괴들을 가둘 비석을 만들었다. 그런데 석가여래는 악요괴들을 잡긴 했으나 봉인하지 못해 애를 먹고 있었다. 그 때 석가여래의 제자 진현인이 책에서 이 세상의 한자 중에 성질이 순하고 선한 한자 10개와 그 외의 한자를 비석 가득 써 넣으면 봉인된다는 내용을 발견해서 석가여래에게 말했다. 석가여래가 진현인의 말대로 하자 진짜로 요괴들을 봉인할 수 있게 되었다. 그래서 평화롭게 지냈다.

신기하고 놀라운 아이템 전격공개

율법의 사슬

십이신마 세계에서 벌을 줄 때 사용하는 도구로, 형벌 形 刑 마법을 사용하면 나타나요. 십이신마들은 평화를 위해서 서로 약속하고 그 약속을 어겼을 때 벌을 받기로 했죠. 그러나 현재는 대마왕의 명령을 어기는 자에게 내리는 형벌로 바뀌어 버렸어요.
율법의 사슬은 마정석으로 만들어졌는데 그 속에 십이신마들이 각자의 정신력을 조금씩 넣어서 **십이신마들에게만 효력이 있어요.**

> 아플 통痛 마법에 반응해서 율법의 사슬에 묶여 있는 사람에게 고통을 준대요.

> 사슬의 다른 한쪽에는 한자마법을 사용하지 못하도록 금지마법이 걸려 있어요.

서생원의 마법구슬

신비한 힘을 가진 마정석과 눈 안 眼 마법으로 생겨난 눈동자를 결합해서 만든 마법구슬이에요. 먼 곳에서 일어나는 일을 알아보는 데 사용해요. 원래 삼대 현인 중 한 명인 진현인이 가지고 있던 것인데, 3천 년 전에 일어났던 사건 이후에 서생원이 몰래 훔쳐서 지금까지 사용하고 있어요. 서생원은 마법구슬이 갖고 싶어서 오랫동안 호시탐탐 기회를 노리다가 결국 손에 넣었다는 소문이 있어요.
서생원이 사용하면서 서생원의 부하인 스피커의 눈과 마법으로 연결되어 스피커가 보는 모든 것을 서생원이 마법구슬로 함께 볼 수 있대요.
또 마법구슬을 통해 보게 된 장면은 사라지는 것이 아니라 마법구슬 안에 있어서 형상 상 狀 마법을 사용하면 언제든 다시 볼 수 있대요.

> 십이신마의 율법에 따라 당연히 그 죗값을 치러야지요.

> 십이신마 중 쥐왕 서생원!

용기의 눈물

굳게 닫힌 마음을 풀어 주는 힘을 가진 전설의 꽃이에요. '누구보다 높은 눈, 누구보다 굳센 마음, 슬픔을 담을 때 비로소 찾으리라' 라는 유명한 말로 소개되는 꽃이죠. 용기의 눈물은 상대방을 위해서 자신의 눈물조차 두려워하지 않고 흘릴 수 있는 진심 어린 마음에만 반응한대요.

> 양 가지는 진정한 용기가 있는지 없는지를 알아 내는 안테나 역할을 한대요.

용기의 눈물의 새로운 사용법

용기의 눈물을 상대방의 코에 대면 그 향기 때문에 상대방은 처음 보는 사람을 사랑하게 되는 효과가 있대요. 그래서 짝사랑의 열병을 앓고 있는 사람들이 갖고 싶어하는 첫 번째 아이템이래요.

마법천자패

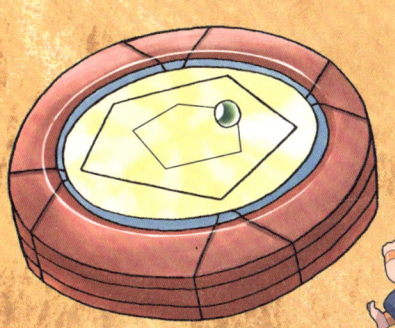

마법천자패는 대마왕 때문에 세상에서 사라진 선한 기운을 따로 모아 놓은 에너지 탱크 같은 존재예요. 마정석 중에서도 가장 강력한 붉은 마정석과 황금 마정석으로 만들어져 그 효과가 무궁무진하다고 알려져 있어요. 그 중 하나가 여의필이 합체해서 방위마법을 사용하면 마법력을 더욱 강하게 해 주는 마법증폭기 역할이래요. 또 마법천자문과도 관계가 깊다고 알려졌지만 아직 확실하게 밝혀진 사실은 없어요.

 마귀 마 魔 마법을 억제할 수가 있다. 하지만 완전한 치료는 불가능하다.

 마법장벽을 뚫을 수 있는 힘이 생겨난다.

 마법장벽을 뚫을 수 있게 된다.

신기하고 놀라운 아이템 전격공개

마법천자문 속 희귀한 식물 총정리

쏙쏙약초

콩선원 앞 무인도에서만 자란다는 신기한 약초로, 멍들었을 때 먹으면 바로 멍이 사라지는 놀라운 능력이 있어요. 생김새가 산삼하고 비슷해 사람들이 산삼으로 오해하기도 하지만 산삼보다는 크답니다. 게다가 산삼보다 훨씬 희귀해서 아는 사람만 아는 구하기 어려운 약초랍니다. 콩도사님께서 처음으로 발견한 약초인데, 생으로 먹는 게 효과가 가장 좋대요.

메롱열매

그 유명한 메롱 수프의 재료로 돈돈이 가장 좋아한답니다. 무인도의 꼭대기에서만 자라나는 열매로 씨에 맹독이 들어 있다고 해요.
크기는 아주 작지만 세상의 모든 맛을 내는 신기한 열매예요. 돈돈이 우연히 무인도를 걷다가 씨만 빼고 메롱열매를 먹고 있는 작은 새를 만났대요. 돈돈이 작은 새와 친해지면서 씨에 독이 있다는 사실과 씨를 빼는 방법도 알게 됐죠. 돈돈이 믿거나 말거나 하는 마음으로 메롱열매를 넣고 수프를 끓였는데 정말 맛있어서 돈돈의 가장 유명한 요리가 되었답니다.

천도복숭아

하늘나라에서만 나는 신비로운 과일이에요. 열리는 나무가 단 한 그루밖에 없을 뿐 아니라 열매가 열리는 데만 몇백 년이 걸려서 옥황상제나 염라대왕, 샤오공주 정도만 먹을 수 있는 귀한 과일이에요.
하나를 먹을 때마다 수명이 백 살씩 늘어나는 정말 신기한 과일이죠. 하늘나라에서도 아주 귀한 식물로 여겨서 사람들이 함부로 따지 못하도록 철저하게 보호하고 있어요.

아이템관 탐험 이벤트
기상천외한 아이템 사용기

많은 독자 분들이 만약 '용기의 눈물'이 있다면 어떻게 사용하고 싶은지를 적어 주셨습니다.
그 가운데 마음을 뭉클하게 하거나 재미난 사용기를 소개합니다.

엄마에게 휴식을~ 지명건 | audrjs7

쉴 휴 쉴 식

요즘 엄마가 많이 힘들어 하세요. 회사 가고 집안일 하고 많이 바쁘세요. 용기의 눈물이 있다면 '휴식 休息' 단어마법을 걸어서 엄마를 쉬시게 하고 싶어요.

"와~, 정말 효자네요! 어머니가 정말 기뻐하실 것 같아요."

가난한 가족 이순자 | pcehoho

돌아올 회 회복할 복

우리 마을엔 가난한 사람이 있어요. 그 가난한 사람은 병에 걸려서 일도 못 해요. 그 사람은 아기도 있어요. 그 사람은 먹을 게 없어서 이웃집에 가서 조금씩 빌려 겨우 생활하고 있답니다. 이럴 때 용기의 눈물이 있다면 '회복 回復'이란 단어마법을 걸어서 그 사람에게 "병이 빨리 나으세요!"라는 제 마음을 전하고 싶어요.

"정말 착한 마음씨네요. 어서 빨리 병이 나으셨으면 좋겠네요."

인형과 함께 한보민 | bominhan77

살 활 움직일 동

우리 집에 인형이 있는데 전 그 인형을 정말 좋아하거든요. 한 가지 흠이라면 살아 있지도, 움직이지도 않는다는 것이죠. 이럴 때 용기의 눈물이 있다면 인형에게 '활동 活動'이란 단어마법을 써서 함께 놀고 싶어요.

"인형이 살아서 움직인다면 정말 신나겠는걸요."

용기를 내~ 박지영 | skysub4

제가 용기의 눈물을 갖고 있었다면, 따돌림이나 폭력에 시달리고 있는 아이들에게 마법으로 용기를 주어서 자신을 괴롭히는 사람에게 두려워하지 않고 당당히 맞설 수 있게 도와주고 싶어요.

"괴롭힘을 당하는 친구들~ 모두 모두 용기를 내세요!"

친구가 되자 이성운 | dltjddns0639

저와 라이벌인 친구가 있는데 라이벌 의식 때문인지 서로 자존심을 세우고 말을 하지 않아서 매우 어색한 사이가 되었어요. 제가 먼저 친해지고 싶다고 말하고 싶었지만 친구가 받아 주지 않을 것 같아서 못 했어요. 용기의 눈물이 있다면 '벗 우 友'라는 한자를 써서 친구가 되고 싶다는 생각을 전하고 싶은 마음이 간절하네요.

"먼저 용기 내서 말하면 분명히 멋진 친구 사이가 될 거예요."

친구야 슬퍼하지 마! 조한솔 | yukie_host

제 친구가 전에 왕따를 당했던 일로 지금 마음을 굳게 닫고 늘 슬픈 마음으로 힘들어하고 있어요. 그래서 용기의 눈물이 있다면 '심애 深愛' 마법으로 우리 모두가 그 친구를 깊이 사랑하고 있다는 걸 알려 주고 싶어요.

"친구야! 모두가 너를 사랑한대~. 이제 그만 슬퍼하렴."

우리의 소원은 통일 조유진 | pender8

용기의 눈물이 있다면, 우리나라와 북한의 통일을 위해 사용하고 싶다. 그러면 금강산도 구경할 수 있고, 전쟁도 없어서 모두모두 행복해질 테니까. 우리 가족부터 세계에 있는 모든 사람이 모두모두 행복했으면 좋겠다.

"통일이 되면 더 이상 전쟁이 일어나지 않아 행복할 거예요."

마법은 어떻게 발전했을까?

"힘은 또 다른 힘을 불러 오니 **함께함**으로 위대해지리라."

한자마법을 사용하기 시작한 이후로 수백 년이 흐르는 사이에 엄청나게 많은 한자가 생겨났어요. 자연히 사람들은 그 많은 한자를 한꺼번에 외우기가 힘들어졌죠. 사람들은 한자를 잊어버리지 않기 위해 돌이나 나무에 새겨 놓기 시작했어요. 그러다 종이가 생겨나면서 거기에 **한자를 적어 보관하게 되었죠.**

그러던 어느 날, 하늘나라에서 한자마법을 공부하던 한 쌍둥이 형제가 우연히 괴물을 만나 싸우게 됐어요. 형제는 다급한 나머지 서로 다른 한자를 각기 사용했고, 그 결과 쉽게 괴물을 물리칠 수 있었어요. 싸움에서 이긴 형제는 **여러 마법을 함께 사용하는 것이 여러 모로 편리하다는 사실을 깨달았어요.** 그 때부터 혼자서도 여러 개의 한자를 연속해서 사용할 수 있는 방법을 연구하기 시작했죠.

형제는 한자가 적힌 두루마리를 모두 펼쳐 놓고 **한자와 한자를 함께 사용할 수 있도록 연결 작업을 시작했죠.** 처음에는 그저 연속해서 쓸 수 있는 마법만 정리했는데, 우연히 2개의 한자가 합해져 새로운 마법이 나타나는 단어마법까지 발견하게 됐어요. 그 후 다른 사람들도 단어마법의 힘을 알고 연구하기 시작하면서 더 많은 단어마법이 생겨나 체계적으로 정리되었답니다.

단일마법

한자마법 하나를 사용하는 것으로, 다른 모든 마법의 기초가 됩니다. 수많은 단일마법을 익히는 데 오랜 시간과 수련이 필요하지요. 단일마법의 기본 효과는 **한자력 + 정신력**이랍니다.

 실 **사** ➡ 실이 나옴

연속마법

연속마법은 2가지 이상의 한자마법을 바로바로 사용하는 방식이에요. 이어서 사용할 수 있는 한자와 한자의 관계를 알아야 해요. 연속마법의 효과는 한자 각각의 힘을 연달아 사용할 수 있다는 거예요.

 실 **사** ➡ 묶을 **속**

실이 먼저 나오고 그 실로 상대방을 묶는다.

단어마법

한자와 한자가 만나서 새로운 능력을 가진 마법으로 탄생하죠. 각 한자의 능력이 서로 결합되면서 엄청난 힘이 새롭게 나타나요. 높은 수준의 정신력이 필요해서 아무나 사용할 수 없는 마법이에요.

 쇠 **철** + 실 **사** = 鐵絲 철사!

쇠로 된 강한 줄이 생겨난다.

단어 마법은 어떻게 결합될까?

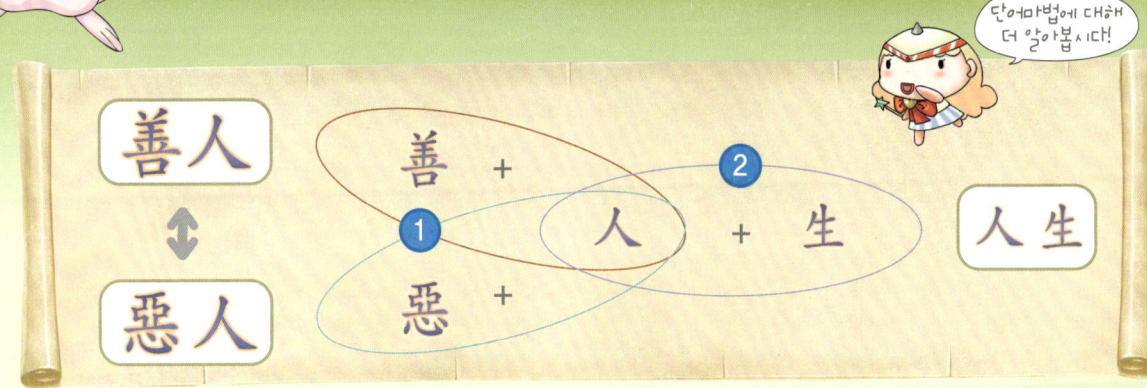

단어마법은 힘이 서로 연결되는 한자끼리 더해서 만들어져요. 2개의 한자로 이루어지는 것이 기본이지만 한자마법 고수들은 3개나 4개도 합해서 사용할 수 있다고 해요.

① 어떤 한자가 결합하는지에 따라 능력이 달라진다.
善人 선인 : 착한 사람 ⇔ 惡人 악인 : 악한 사람

② 같은 한자라도 상황에 따라 결합하는 위치가 달라진다.
善人 ⇔ 人生

단어마법 사용 **3대 원칙!**

제1법칙 없는 단어를 제멋대로 지어 내지 않는다!
> 마음대로 써 봐야 효과가 나타나지 않아요!

말한 걸 적어! 왈기 日記!
그런 단어가 어딨냐. 일기 日記면 몰라도.

제2법칙 단어를 이루는 각 한자의 뜻을 정확히 알고 쓴다!
> 각각의 뜻을 잘 알아야 단어의 힘도 알아요!

적으래! 일기 日記
무턱대고 쓰지 말고 뜻을 알고 써야지!

제3법칙 소리는 같아도 능력은 전혀 다른 단어들을 잘 구별해서 사용할 것!
> 모양과 뜻을 잘 외워 둬야 효과를 낼 수 있어요.

日記 一技
날 일 기록할 기 하나 일 재주 기
두 한자는 모두 일기라고 읽지만 하나는 날마다 적는 일기, 하나는 한 가지의 재주라는 뜻을 가졌지.

단어마법의 종류에는 무엇이 있을까?

유사결합 비슷한 능력을 가진 한자를 더해서 능력을 증가시킨 마법

沒+落 ➡ 沒落   잠길 몰 沒 마법과 떨어질 락 落 마법을 결합해서 완전히 떨어지게 하는 단어마법 沒落이 되었어요.

대립결합 반대되는 능력을 가진 한자를 더해서 2가지 힘을 동시에 갖는 마법

長+短 ➡ 長短   길 장 長 마법과 짧을 단 短 마법을 결합해서 긴 것과 짧은 것, 혹은 잘 하는 것과 못하는 것이 동시에 담겨 있답니다.

첨가결합 하나의 한자에 다른 한자가 결합해 다른 힘을 더해 주는 마법

溫+情 ➡ 溫情   따뜻할 온 溫 마법과 뜻 정 情 마법이 결합하면서 마음에 따뜻한 힘이 더해졌어요. 그래서 따뜻한 마음이 나타난답니다.

능력결합 하나의 한자가 다른 한자가 가진 능력대로 나타나는 마법이다.

日+出 ➡ 日出   해 일 日 마법과 날 출 出 마법이 결합하면서 해가 出 마법의 능력대로 떠오르는 日出 마법이 돼요.

부정결합 힘을 없애는 특정한 한자를 더해서 원래 한자를 방어하게 되는 마법

不+變 ➡ 不變   변할 변 變 마법 앞에 아니 불 不 마법이 결합하면 變 마법을 없애는 마법이 돼요. 그래서 變 마법을 막아 내는 능력이 생기죠. 없을 무 無, 아닐 비 非 마법 같은 한자도 不 마법과 같은 역할을 한답니다.

단어마법의 원리

變 변신 준비! 변할 변

5급 변신마법

다른 모습으로 변신하기 위해서 꼭 알아 두어야 할 상위 변신마법의 기본 한자이다.

變 마법의 활용

本 ↔ 變 ↔ 不變
근본 본 / 변할 변 / 변하지 마라! 불변

本 마법은 변신에 성공한 상대방을 다시 원래의 모습으로 되돌려 놓는 마법이고 不變 마법은 상대방의 本 마법을 막아 낼 때 쓰거나 상대방이 아예 變 마법을 쓰지 못하게 할 때도 쓸 수 있는 상위 단어마법이다.

나와라, 머리! 머리 두 頭

6급 변신마법

기본기

머리를 만들어 낼 수 있는 변신마법의 기초 한자이다. 비슷한 능력을 가진 한자로는 머리 수 首 마법도 있다.

머리 없이는 사람의 모습을 완성시킬 수 없으니까 꼭 외워 두세요!

힘

머리가 생겨나면서 머리의 능력도 조금 나타나 만들어 낸 사람을 주인으로 생각하게 된다. 그래서 주인이 하는 대로 따라서 행동한다.

이번엔 머리!

나와라, 머리! 머리 두 頭!

○ 맥주병이 마법을 이용해서 커다란 머리를 만들어 내고 있다.

머리의 뿔은 잘 보이기 때문에 다른 것보다 '좋다.', '눈에 띈다.'는 뜻도 갖고 있어요.

활용

頭 + 角 → 頭角

머리 두 뿔 각 머리의 뿔! 두각!

머리를 만들면서 뿔도 함께 만들어 내는 마법이다.

頭 마법을 외울 때 몸을 나타내는 몸 신 身 마법과 꼬리를 나타내는 꼬리 미 尾 마법도 한꺼번에 외워 두어야 편리하답니다!

비밀

頭 마법은 변신마법에서는 빠지지 않는 주요 한자지만 실생활이나 한자마법 대결에서 자주 사용되는 한자는 아니다. 하지만 급할 때는 머리를 만들어 상대편에게 박치기로 공격할 수도 있다.

나와라, 몸! 몸 신

6급 변신마법

기본기

몸의 형태를 만들어 내는 변신마법의 기초 7대 한자 중 하나이다.

힘

여기서 잠깐! 변신마법의 기초 7대 한자 기억하시나요? 口, 耳, 目, 身, 足, 頭, 手 마법이죠~.

마법으로는 사람의 몸처럼 완벽하게 만들어 낼 수 없고 그저 형태만 만들어 낸다.

나와라, 몸! 몸 신 身!

➡ 변신마법을 선보이고 있는 맥주병이 이번에 통통한 몸을 만들어 낸다.

大 마법을 함께 쓰지 않아도 사용자의 몸보다 3배 이상 큰 몸을 만들 수 있어요.

활용

身 + 體 → 身體
몸 신　몸 체　더 튼튼한 몸
　　　　　　　나와라! 신체!

더 크고 튼튼하게 생긴 몸을 만들어 내는 상위 단어마법이다.

비밀

상대방이 피할 수 없는 뒤에서 공격하면 쉽게 성공할 수 있어요.

커다란 몸에 깔리면 상대방은 거의 빠져 나오는 게 불가능하다. 그러나 한번 사용하면 다시 몸을 세워서 공격하는 데 시간이 걸리기 때문에 공격할 시기를 잘 맞춰야 한다.

짹짹짹! 새 조 鳥

4급 변신마법

기본기

새를 직접 만들어 내거나 **변할 변 變** 마법과 함께 사용하면 자신의 몸이 새로 변한다.

鳥
丿 亻 竹 竹 户 户 自
鳥 鳥 鳥 鳥 鳥

꼭 **變** 마법과 함께 사용해야 사람의 모습이 새로 변한다는 것을 잊지 말아요! 다른 변신술도 마찬가지랍니다.

힘

鳥 마법의 힘이 **變** 마법을 통해 사용자의 온몸에 씌워지면 **새의 모습**으로 변한다.

짹짹짹! 새 조 鳥!

◐ 보리도사가 극락중앙도서관에 몰래 들어가기 위해 새로 변신한다.

이렇게 비슷한 한자가 많기 때문에 획순을 정확하게 외우는 게 중요해요! 안 그러면 뒤죽박죽 되어서 한자마법이 생겨나지 않거든요!

활용

鳥 VS 烏
새 조   까마귀 오

까마귀 오 烏 마법은 鳥 마법과 아주 비슷하게 생겨서 많이 헷갈린다. 새 조 鳥 마법에서 네모 안의 획순 하나만 빼먹으면 까마귀를 불러 내는 한자마법이 된다. 까마귀는 까매서 눈이 잘 보이지 않아 가운데 획순 하나가 빠졌다고 한다.

날개 익 **翼** 마법이 어려운 한자지만 이 한자를 모르면 날개 없는 새가 되고 말아요! 맥주병처럼 말이죠.

비밀

鳥 마법은 새를 만들거나 새로 변신할 때 사용하는 마법이다. 그러나 새의 능력 중에 나는 능력은 아주 위험하고 중요해서 **날개 익 翼** 마법으로 따로 나눠 놓았다. 그래서 鳥 마법으로 완벽한 새가 되기 위해선 **翼** 마법을 알고 있어야 한다.

본래 모습으로! 근본 본

6급 변신마법

기본 기

나무의 근본인 뿌리 에너지가 담겨 변신에 성공한 상대방을 **본래 모습으로** 되돌릴 수 있다.

本
一 十 才 木 本

상대방보다 사용자의 정신력이 높아야 쉽게 변신 에너지를 밀어 낼 수 있어요. 사용자의 정신력이 낮으면 사용해도 본래 모습으로 되돌아오지 않는답니다.

힘

한자마력이 사용자의 정신력과 합해져 거대한 힘이 생겨난다. 그 힘이 상대방의 겉모습에 씌워진 변신 에너지를 밀어 내서 원래의 모습이 드러나도록 한다.

본래 모습으로! 근본 본 本!

➤ 용왕이 새로 변신한 보리도사를 원래의 모습으로 되돌려 놓는다.

根 마법은 원래 뿌리를 만들어 내는 마법이지만 사물의 **본래 모습으로 유지**시키는 능력도 있어서 단어마법으로 사용됩니다.

활용

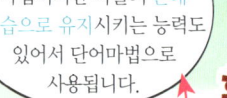

根 + 本 → 根本
뿌리 근 근본 본 어떤 모습이든 본래 모습으로! 근본!

뿌리 근 根 마법은 뿌리를 만들어 내는 마법이지만 本 마법과 함께 쓰이면 어떤 변신마법이든 풀어 낼 수 있는 강한 상위 마법이 된다.

상대방에겐 本 마법을, 자신에게는 源 마법을 사용해야 본래 모습이 된다는 것을 헷갈리면 안 되겠죠?

비밀

源 ≒ 本 ↔ 不變
근원 원 근본 본 불변

本 마법과 능력이 비슷한 마법 중 하나가 근원 원 源 마법이다. 이 때 상대방이 不變 마법으로 막으면 本 마법을 써도 본래 모습을 알아 내기 힘들다.

훨훨 날자! 날개 익 翼

기본기

커다란 날개를 만들어 하늘을 날아갈 수 있는 마법이다.

翼
ㄱ ㅋ ㅋ ㅋㄱ ㅋㅋ
ㅋㅋ ㅋㅋ ㅋㅋ 꿃 꿃 꿃
꿃 꿃 꿃 翼 翼

힘

> 날개의 크기가 곧 속도를 의미한다고 생각하면 돼요. 날개가 크면 한 번만 날갯짓을 해도 슝~ 하고 멀리까지 날아가거든요.

사용자의 정신력에 따라 다양한 크기의 날개가 생겨나고 그 크기에 따라 나는 속도도 달라진다.

3급 변신마법

◎ 켄터킹이 거대한 날개를 만들어 내고 있다.

활용

翼 vs 羽
날개 익   깃 우

翼 마법처럼 날개를 만들어 하늘을 날 수 있는 유사 마법 중 하나가 깃 우 羽 마법이다. 羽 마법은 하늘을 날 수 있는 날개를 만들 뿐 아니라 아름답게 장식할 수 있는 깃털도 잔뜩 만들어 낼 수 있다.

> 켄터킹은 원래 닭이라서 날아다닐 수 없어요. 그치만 새의 종족에게 날개의 힘을 받아서 翼 마법을 자신의 특기로 사용할 수 있게 되었답니다.

비밀

십이신마 중 한 명인 켄터킹이 가장 잘 사용하는 마법이다. 켄터킹이 翼 마법을 사용하면 거대한 날개가 생겨나면서 빛의 속도로 날아갈 수 있는 엄청난 능력을 가진 마법이 된다.

신나고! 재미있는! 캐릭터 강좌

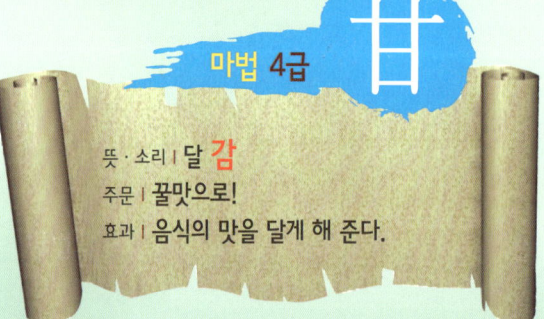
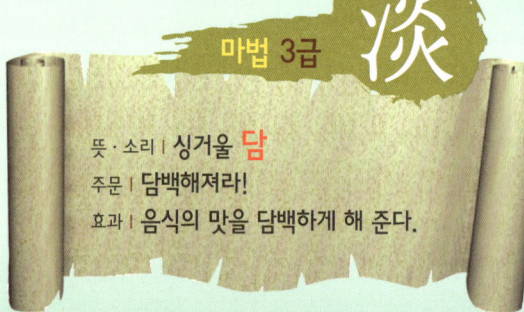

돈돈의 필살, 메롱 수프 만들기

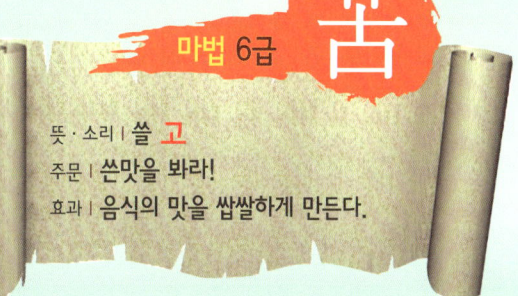

꿀맛으로! 달 감

4급 변화마법

기본기

음식을 달고 맛있게 만드는 마법이다. 요리에 관심이 있으면 누구나 사용 가능하다.

호호호! 모든 요리사가 꿈꾸는 마법이죠.

힘

한자마력과 정신력이 음식에 흡수되면서 원하는 맛으로 변화시킨다.

○ 돈돈이 옥동자의 입맛에 맞게 메롱 수프를 달게 만들고 있다.

술 주 酒 마법은 아빠가 좋아하는 한자일걸요. 우리랑은 상관 없는 한자죠. 후후!

활용

甘 + 酒 → 甘酒
달 감 술 주 달콤한 식혜야 나와라! 감주!

달콤한 맛을 내는 마법으로 사용할 수도 있지만 甘酒와 같이 음식을 직접 만들어 낼 수도 있다.

甘 마법을 사용해 만든 단 음식을 먹은 후에는 꼭 양치질하는 습관이 필요해요.

비밀

甘 마법은 적당히 사용하면 맛있는 요리를 만드는 데 쓸 수 있지만, 너무 많이 사용하면 치아가 썩게 되어 치과에 가야 하는 치명적인 약점이 있다.

수리해 줘! 고칠 개 改

5급 변화마법

기본기

부서진 물건을 고칠 때 사용하는 마법으로, 수련하면 누구나 사용할 수 있는 쉬운 한자이다.

힘

직접 고치는 것보단 편하겠지만 정신력과 체력이 많이 필요하답니다.

자신의 정신력과 체력을 한자마력과 합해서 망가진 물건에 보내면 새 것처럼 고쳐진다.

● 보리도사가 부서진 쌀선원을 마법으로 깨끗하게 고치고 있다.

호호호! 한마디로 내 성격을 나타내는 한자죠. 상대 마법으로는 악할 악 惡 마법이 있어요.

활용

改 + 善 → 改善
고칠 개 착할 선 잘못을 고쳐 좋게 해라! 개선!

물건을 고칠 수도 있지만, 착할 선 善과 함께 사용하면 사람의 나쁜 점이나 잘못된 행동을 좋게 고칠 수 있다.

비밀

얼렁뚱땅 改 마법을 사용했다간 오히려 더 망가질 수 있으니 조심해서 사용해야 해요.

改 마법은 물건을 고치는 편리한 마법이지만 완성된 물건의 모습을 정확히 알지 못하면 엉뚱한 물건이 될 수도 있다.

 힘을 주어라! 줄 급

5급 변화마법

기본기

힘이나 물건을 상대방에게 전해 줄 때 사용하는 마법이다. 엄청난 능력을 가진 고수들이 사용할 수 있다.

힘

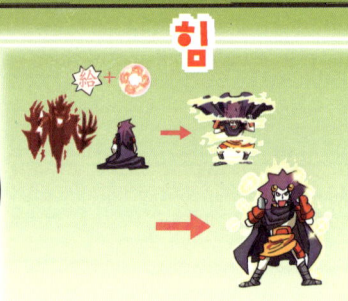

남에게 힘을 나눠 준다는 건 보통 고수가 아니면 힘들어요!

한자마법으로 자신의 정신력과 체력을 밖으로 꺼낸 다음 하나로 모아서 자기보다 능력이 낮은 사람에게 준다.

힘을 주어라! 줄 급 給!

▶ 대마왕이 흑심마왕에게 힘을 주고 있다.

이 한자는 내가 제일 좋아하는 거예요. 식사 食事, 식당 食堂에도 쓰이죠. 호호호!

활용

給 + 食 → 給食
줄 급 밥 식 먹을 것을 주어라! 급식!

힘을 줄 수도 있지만 먹을 것을 만들어 내는 食 마법을 함께 사용해 먹을 것을 줄 수도 있다.

비밀

한자에 같은 모양이 들어 있으면 '힘이나 소리를 빌려 왔구나.' 라고 생각하면 쉬워요.

給 마법은 실 사 絲 마법에서 힘을 빌려 왔다. 모인 힘이 상대방까지 가려면 한자마력이 보이지 않는 실 모양으로 바뀐다.

반사 반사! 돌이킬 반 反

6급 변화마법

기본기

상대방이 사용한 마법의 힘을 다시 상대방에게 되돌리는 마법으로, 정신력의 차이가 너무 크면 효과가 없다.

힘

아무리 反 마법이라도 자신의 정신력보다 강한 한자마법을 상대방에게 되돌릴 순 없어요.

자신의 정신력과 한자마법이 거대한 방어막을 만들어 상대방이 사용한 마법이 상대방에게 되돌아간다.

반사 반사! 돌이킬 반 反!

이런 상황을 보고 '동문서답'이라고도 하지요.

○ 샤오의 弱 마법을 흑심마왕이 되돌리고 있다.

활용

돌이킬 반 物을 문 대답하지 말고 물어 봐! 반문!

대답 답 答 마법에 걸려 있는 우리 편을 도와 주는 마법으로, 答 마법을 건 상대가 궁금해 하는 것에 대답하지 않고 오히려 계속 질문하게 만들어 상대방을 당황시킨다.

비밀

아무 때나 마법을 쓰지 않는다는 건 한자마법을 사용할 때 기억해야 할 첫 번째 원칙입니다.

反 마법은 한자마력을 반사하는 힘이 있지만, 마법이 아닌 것을 되돌릴 수는 없다.

어두워져라! 어두울 암

4급 변화마법

기본기

주위를 갑자기 어둡게 만드는 마법으로, 자신의 정신력에 따라 어두워지는 공간의 크기가 달라진다.

暗

힘

정신력이 약하다면 暗 마법을 사용하는 것보다는 차라리 상대방에게 검은 안경을 씌우는 게 나을 거예요.

한자마력과 정신력을 모은 에너지가 일정한 공간을 감싸서 밝은 빛이 들어오지 못하게 만든다.

▶ 샤오가 악마의 꽃에서 벗어나기 위해 주위를 어둡게 만들고 있다.

활용

이 한자의 상대 마법이 흰 백 白 마법인 것은 모두 알고 있죠?

暗 + 黑 → 暗黑
어두울 암 검을 흑 깜깜한 어둠! 암흑!

黑 마법과 합해지면 주위뿐만 아니라 자신조차도 볼 수 없는 깜깜한 암흑이 생겨나는 강력한 단어마법이 된다.

비밀

暗 마법을 막아 낼 수 있는 상대 마법은 明 마법이에요. 잊지 말고 외워 두세요!

옥황상제가 暗 마법을 사용하면 대낮에도 밤처럼 깜깜해질 수 있다. 하지만 자연의 법칙을 거스르는 한자마법은 정신력과 체력이 심하게 다칠 수 있으니 주의한다.

식혀라! 찰 랭(냉)

5급
변화마법

마법으로 생겨난 얼음 주머니가 뜨거운 온도를 낮춰서 식혀 주는 마법이다.

冷 마법의 활용

冷 + 情 → 冷情
찰 랭(냉) 뜻 정 매정한 마음! 냉정!

冷 마법을 뜻 정 情 마법과 함께 사용하면 상대방의 마음이 매정하고 쌀쌀하게 되는 상위 심리마법이 된다.

 흩어져라! 흩어질 산

4급 변화마법

기본기

대상을 흩어지게 하는 마법이다. 하지만 부서지게 하는 마법이 아니라서 완전히 붙어 있는 대상에는 사용할 수 없다.

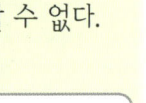

모여 있는 것을 흩어지게 만드는 거니까 分, 寸, 破와는 구분해서 사용해야 해요.

힘

한자마력과 정신력이 합해지면서 흩어지는 힘을 만들어 내고 그 힘이 사물에 스며들어 각 조각을 사방으로 흩어지게 만든다.

▶ 여의필이 마법천자문 조각을 흩어지게 만들고 있다.

흩어져라! 흩어질 산 散!

한 글자로 된 한자마법보다 2개 이상의 한자가 모인 단어마법이 훨씬 강력하죠!

활용

分 + 散 ➡ 分散
나눌 분 흩어질 산 나누어 흩어져라! **분산!**

分 마법과 함께 사용하면 완전히 붙어 있는 대상을 몇 개의 덩어리로 조각낸 다음 흩어 버리는 상위 단어마법이 된다.

똑같은 크기로 몸을 만드는 分身 마법과는 다른 거랍니다. 절대 착각하지 마세요.

비밀

고수들은 散 마법을 자신에게 사용하여 자기의 몸을 흩어지게 만드는 최상위 변신마법으로 사용하기도 한다. 하지만 한자마력이 약한 경우 본래의 모습으로 돌아올 수 없기 때문에 고수들이 아니면 사용하기 어렵다.

모여라! 모을 집 集

6급 변화마법

기본기

흩어져 있는 사물을 한 곳으로 모으는 데 사용하는 마법으로, 강한 체력과 정신력이 필요한 마법이다.

정신력과 체력이 강하면 강할수록 커다란 사물을 움직여 모을 수가 있어요.

힘

한자마력과 정신력이 합해져 만들어진 에너지가 자석처럼 주위의 사물을 끌어들이게 된다. 특히 사용자가 정신력을 잘 사용해서 모으고 싶은 사물만 끌어 오는 것이 중요하다.

集 마법의 상대 마법이 옆에 있는 散 마법인 건 벌써 눈치챘겠죠?

모여라! 모을 집 集!

○ 혼세마왕이 흩어지는 대마왕의 힘을 다시 모으고 있다.

바로 이 集中 마법은 공부할 때 사용하면 정말 딱이죠! 딴생각이 안 나고 공부가 잘 되거든요!

활용

모을 집 가운데 중 한가운데로 모여! 집중!

단순히 사물을 모으는 集 마법이 中 마법과 합해지면 사물뿐만 아니라 사람들의 관심이나 정신을 하나로 모을 수 있는, 보다 상위 마법인 集中 마법이 된다.

비밀

集 마법은 모으고자 하는 사물을 정확하게 머릿속으로 그리지 않으면 온갖 잡동사니들과 위험한 물건까지 끌어당기게 되어 자칫하다간 큰 사고가 날 수도 있다.

# 그대로 멈춰라! 그칠 지

5급 변화마법

기본기

상대방의 움직임을 **멈추게 하는** 데 사용하는 마법으로, 사용하는 즉시 상대방이 그 자리에 멈춘다.

止
ㅣ ㅏ ㅑ 止

힘

우리 힘으로는 염라대왕님처럼 힘이 센 분들을 절대 멈추게 할 수 없어요.

한자마력과 정신력이 합해져 만들어진 에너지가 움직이는 사물이나 사람을 묶어서 못 움직이게 만든다. 사람에게 사용할 때는 상대방이 자신보다 강하다면 별 효과가 없다.

● 저팔계가 다가오려는 샤오를 멈추게 만든다.

止 마법을 금할 금 禁 마법과 함께 사용하면 아예 행동하지 못하게 하는 금지 禁止 마법으로도 쓰여요.

활용
止 + 血 ➜ 止血
그칠 지 피 혈 흘러나오는 피를 멈추게! 지혈!

사물이나 사람의 움직임을 멈추게 할 뿐만 아니라, 血 마법과 함께 사용하면 상처에서 흘러나오는 피를 멈추게 하는 치유마법이 된다.

비밀

한자마법은 사용하기 편리하도록 많은 발전을 해 왔어요.

止 마법이 처음 만들어졌을 때는 움직임을 멈추게 하기 위해 땅에서 마법의 손이 나와 발목을 잡아야 했지만, 한자마법이 발전하면서 보이지 않는 마법의 힘이 꼼짝 못하게 만든다.

평평해져라! 평평할 평

7급 변화마법

기본기

사물이나 땅을 평평하게 만들 때 사용하는 마법이다. 구덩이를 메울 때 삽질 대신 사용하면 편리한 마법이다.

힘

이불을 바닥에 깔 때도 이 마법을 사용하면 아주 평평하게 깔려서 편리하죠!

한자마력과 정신력이 합해져 만들어진 힘이 파인 부분을 새롭게 채워서 땅이 평평해진다.

○ 맥주병이 움푹 파인 땅을 평평하게 만들고 있다.

平 마법은 평화뿐만 아니라 우리가 자주 듣는 평지 平地, 평등 平等으로도 활용돼요.

활용

平 + 和 → 平和
평평할 평 화목할 화 전쟁이 없는 세상! 평화!

같은 상태로 만드는 平 마법과 사이를 좋게 하는 和 마법을 함께 사용하면, 사람들의 마음을 같게 만들어 서로 사랑하며 지내게 하는 최상위 마법인 平和 마법이 만들어진다.

한자마법은 항상 적절한 시간과 장소에서 사용해야 하는 거랍니다.

비밀

平 마법 때문에 아름다운 산들이 모두 평지로 바뀔 뻔한 사건 이후로 전국의 국립공원 등에서는 平 마법을 금지하고 있다.

닫혀라! 닫을 폐

4급 변화마법

기본기

거대한 힘이 열려 있는 문을 닫히게 만든다.

힘

정신력과 한자마력으로 생겨난 거대한 힘이 보이지 않는 손을 만들어 문을 닫아 버린다.

閉의 상대 마법이 열 개 開 마법이라는 건 이미 알고 있죠?

닫혀라! 닫을 폐 閉!

⮕ 저팔계가 열린 문을 닫아 버리고 있다.

활용

會 마법은 '모이다'라는 뜻으로, 集 마법과도 비슷한 말이에요. 같이 기억해 두세요.

닫을 폐 　 모일 회 　 회의를 마쳐라! 폐회!

閉 마법은 주로 문을 닫는다는 뜻으로 사용하지만 모일 회 會 마법과 함께 사용하면 사람들이 더 이상 모여 있지 못하게 막는 단어마법이 되기도 한다.

비밀

한자마법은 편리하기도 하지만 잘못 사용하면 굉장히 위험하니까 조심하세요.

사람이 문을 통과하고 있을 때 閉 마법을 사용하면 문에 끼어 다칠 위험이 있다. 특히 어린이가 있는지 잘 살펴보고 사용해야 한다.

옷 입어라! 옷 의 衣

6급 변화마법

기본기

몸을 보호하는 옷을 만드는 마법. 찢어지거나 훼손된 옷을 수선할 때도 사용할 수 있다.

`、 一 亠 ナ 衣 衣`

혹시 세탁소에 계신 분들이 衣 마법을 사용해 옷을 만들고 있는 건 아닐까요?

힘

한자마력과 정신력이 모인 에너지가 새 옷을 만들거나 찢어지고 훼손된 옷을 수선해 준다. 이 때 대부분 상대가 입고 있던 옷을 입혀 주게 된다.

◐ 샤오가 손오공의 누더기 같던 옷 대신 새 옷을 입혀 주고 있다.

住 마법은 우리가 생활할 수 있는 곳, 집을 의미해요.

활용

衣 + 食 + 住
옷 의 · 먹을 식 · 살 주
➡ 衣食住
사람이 살아가는 데 필요한 3가지 기본 요소! **의식주!**

衣 마법과 食 마법, 住 마법을 함께 사용하면 사람이 살아가면서 꼭 필요한 3가지 요소가 만들어진다.

호호호! 이 세상에 공짜는 없답니다.

비밀

衣 마법으로 옷을 만들면 마법을 사용함과 동시에 자신의 주머니 속에서 돈이 사라지게 된다. 衣 마법은 옷을 사러 갈 수 없는 상황에서 마법으로 돈을 지불하고 옷을 대신 사 오는 것이다.

많아져라! 많을 다

6급 변화마법

어떤 사물의 양을 많아지게 한다.　多 ノ クタ多多多

多 마법의 활용

大 vs 多
큰 대　많을 다

大 마법은 크기를 키우고
多 마법은 양을 늘린다.

多 ↔ 少
많을 다　적을 소

多 마법의 상대마법은
적을 소 少 마법이다.

더욱 커져라! 클 태

6급 변화마법

기본기

큰 대 大 마법의 상위 마법으로 원하는 것을 더욱 거대하게 만든다.

一 ナ 大 太

힘

"大 마법에다 점 하나 찍었을 뿐인데, 어쩜 저렇게 커질 수 있을까요?"

한자마력이 정신력을 흡수해 거대한 에너지를 만들어 몸 속에 넣고 大 마법으로 커진 몸보다 더 커지도록 만든다.

더욱 커져라! 클 태 太!

○ 샤오가 大 마법으로 커진 방석을 太 마법으로 더 크게 만들고 있다.

"볕 양 陽 마법은 해의 기운을 가진 마법으로, 따뜻하고 밝게 만드는 능력이 있어요."

활용

太 + 陽 → 太陽
클 태   볕 양

세상을 밝혀 주는 태양 나와라!
태양!

陽 마법과 함께 사용하면 이 세상을 만들 때 신이 사용했던 太陽 마법이 된다. 세상의 탄생과 관계된 마법으로 사용 금지된 마법이다.

"점 하나만 잘못 찍어도 다른 뜻이 되어 버리니 한자를 쓸 때는 항상 정신을 집중해야 해요."

비밀

太 마법을 사용할 때 점을 잘못 찍으면 개 견 犬 마법이 되어 버리기 때문에 주의해서 사용한다.

 쏘아라! 쏠 사

4급 변화마법

기본기

사물을 빠른 속도로 멀리 보내는 마법으로서 강한 공격마법으로 사용된다.

사물이 정확하게 가느냐는 射 마법을 사용하는 사람의 능력에 따라 달라져요.

힘

정신력과 합해진 한자마력이 에너지로 된 활을 만들어 사물을 멀리까지 보낼 수 있게 된다. 정신력이 강하면 강할수록 날아가는 정확도와 파괴력이 높아진다.

▶ 저팔계가 마법으로 화살을 쏘고 있다.

手 마법과 같이 쓰면 활이나 총을 쏘는 사람인 사수 射手가 되기도 하죠.

활용

發 + 射 → 發射
필 발 쏠 사 강력하게 쏘아라! 발사!

射 마법과 發 마법을 함께 쓰면 더욱 강력한 상위 마법으로 사용할 수 있다. 이 때 發射 마법은 사용하는 사람에 따라 활로 나타나거나 더 강력한 총이나 대포로 나타나기도 한다.

비밀

어유~, 이래서 한자마법을 사용할 때는 집중력이 매우 중요하다고요.

射 마법은 아주 높은 집중력을 필요로 한다. 만일 집중하지 않고 射 마법을 사용하면 화살이 어디로 갈지 아무도 모른다.

묶어라! 묶을 속 束

5급 변화마법

기본기

상대방이나 사물을 묶어 놓을 때 사용하는 마법이다. 사용자의 정신력이 강하면 강할수록 더욱 강하게 묶는다.

一 ㄱ ㅁ ㅁ 車 束 束

힘

束 마법은 마법력도 중요하지만, 사용하는 줄이 얼마나 강하냐에 따라 그 힘이 달라져요.

한자마력이 정신력을 흡수해 만들어진 힘이 상대방을 강하게 묶게 되는데, 하나만 사용하는 것보다 실 사 絲 마법과 연속으로 사용하면 효과가 크다.

묶어라! 묶을 속 束!

● 저팔계가 손오공을 움직이지 못하게 묶어 버리고 있다.

활용

약속을 지키지 않는 사람은 친구가 없다는 걸 명심해요!

約 + 束 → 約束

맺을 약　묶을 속　꼭 지켜야 해! 약속!

束 마법은 물건이나 사람을 묶는 데도 사용되지만, 約 마법과 함께 사용하면 상대방이 약속을 지키도록 마음과 마음을 연결하는 마법으로도 쓰인다.

비밀

束 마법이나 수갑은 우리처럼 착한 아이와는 어울리지 않아요.

束 마법은 처음에는 경찰들이 범인을 잡을 때 사용하는 체포마법이었다. 하지만 지금은 아무나 사용할 수 있기 때문에 경찰들은 마법 대신 수갑을 사용한다.

 # 휘어져라! 굽을 곡

5급 변화마법

기본기

똑바로 된 것을 휘어지게 만드는 마법으로, 화살 등의 날아가는 방향을 바꿀 수 있다.

ㅣ ㄇ 日 曲 曲 曲

"똑바로 된 것은 뭐든 다 휘어지게 만들 수 있어요. 화살이 날아가는 방향뿐만 아니라 일자로 된 철길이나 젓가락도 휘어져요."

힘

한자마력이 정신력을 흡수해서 생겨난 힘이 여러 방향으로 퍼져 나가 사물의 방향이나 모양을 휘어지게 만든다.

▶ 돈킹이 마법을 사용해 화살의 방향을 휘어지게 하고 있다.

휘어져라! 굽을 곡 曲!

"인생은 짧고, 예술은 길다! 한자 마법으로도 예술을 할 수 있답니다!"

활용

曲 + 線 ➡ 曲線
굽을 곡 줄 선 부드럽게 굽은 선! 곡선!

曲 마법은 주로 공격마법을 막는 방어 수단으로 사용되지만, 曲線 마법처럼 사물의 모양을 아름답게 만들 수 있어 예술 작품을 만들 때도 많이 쓴다.

"뭐든지 너무 많이 사용하면 안 좋은 법이랍니다."

비밀

曲 마법은 한 번씩 사용해야 한다. 연속해서 두 번 사용할 경우 휘어졌다가 다시 휘어져 결국 아무런 효과가 없어지게 된다.

직선으로! 곧을 직 直

7급 변화마법

기본기

휘어져 있거나 굽은 것을 직선으로 바꾸는 마법이다. 주로 마법에 의해 휘어지거나 굽은 것에 효과적이다.

曲 마법의 상대 마법이 바로 直 마법이랍니다.

힘

에너지가 휘어져 있는 것에 파고들어가 억지로 직선으로 만들게 된다. 이 때 휘어지려는 힘이 마법력보다 강하다면 直 마법은 효과 없이 사라진다.

○ 호킹이 휘어진 화살의 방향을 직선으로 바꾸고 있다.

正直이야말로 우리가 가져야 할 가장 올바른 마음가짐이에요.

활용

正 + 直 → 正直
바를 정　곧을 직　거짓 없는 바른 마음가짐! 정직!

直 마법이 正 마법과 함께 사용되면 사람의 마음을 움직이는 상위 마법이 된다.

비밀

마음이 삐뚤어져 있으면 直 마법은 사용해 봐야 소용 없을걸요~.

直 마법은 사용자의 정신력이 힘을 좌우하기 때문에 뒤엉켜 있는 마음으로는 제대로 그 위력을 발휘할 수가 없다.

 붙여라! 이을 접

4급 변화마법

기본기

끊어진 것을 이어 붙일 때 사용하는 마법으로, 건물이나 길 등의 커다란 사물에는 사용할 수가 없다.

接
一 亅 扌 扌 扩
扩 护 护 接 接 接

길이나 건물 등이 망가지면 이어 붙이는 것보다 새롭게 만드는 게 더 튼튼하잖아요.

힘

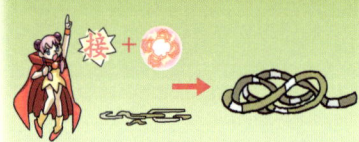

정신력과 합쳐진 한자마력은 주로 마법 테이프로 나타나서 끊어진 줄 등을 이어 붙인다. 이 때 사용자의 정신력에 따라 테이프가 강해지거나 약해진다.

➡ 샤오가 끊어지는 줄을 다시 마법으로 붙이고 있다.

붙여라! 이을 접 接!

활용

이을 속 續 마법과 함께 사용하면 우리가 자주 사용하는 接續 접속 이란 단어마법도 된답니다.

接 + 近 ➡ 接近
이을 접 가까울 근 가까이 붙어라!
접근!

接 마법은 주로 이어 붙여 고치는 데 사용하지만, 近 마법과 함께 사용하면 상대방 가까이 다가갈 수 있는 이동마법으로 바뀐다.

비밀

옷을 붙일 때 테이프보다 마법 실을 불러서 사용하면 새 옷처럼 만들 수 있어요.

接 마법은 실생활에서 많이 사용하는 한자마법이다. 옷이 떨어지거나 물건 등이 부러졌을 때는 接 마법으로 쉽게 붙여서 쓸 수 있어 편리하다.

철썩 붙어라! 붙을 착 着

5급 변화마법

기본기

사물의 떨어져 있는 부분이나 사람끼리 튼튼하게 붙여 준다.

힘

우아~, 이런 딱풀은 문방구에서는 절대 안 팔아요. 후후!

한자마력과 정신력이 더해져 만든 에너지가 딱풀 형태로 나타나 사물이나 사람을 서로 붙게 만들어 준다.

◎ 삼장이 모래로 만든 집이 무너지지 않도록 붙게 만들고 있는 중이다.

철썩 붙어라! 붙을 착 着!

그 대상이 사람일 때는 상대방이 무지 부담스러워할 수 있어요.

활용

執 + 着 → 執着
잡을 집 붙을 착 마음을 떨치지 못해라! 집착!

執 마법과 함께 着 마법을 사용하면 사물이 아닌 마음에 붙게 만들어서 상대방이나 물건에 계속 신경 쓰게 되는 불편한 마법이 된다.

비밀

接 마법은 원래 붙어 있다가 떨어진 것을 붙일 때 주로 사용한다. 着 마법은 처음부터 붙어 있지 않았던 사물을 억지로 붙일 때 주로 사용한다.

캐릭터 강좌
신나고! 재미있는!

토생원 씨의 연기는 이미 유명하죠? 아, 벌써부터 기대되네요.

아하! 감정 한자마법인 희로애락 喜怒哀樂 마법이 나오는군요.

연기를 잘 하기 위해선 한자마법을 잘 익혀 두어야겠군요.

喜 마법은 사람을 기쁘게 만드는 마법이에요. 기분이 나쁠 때 사용하면 좋겠죠.

마법 4급 喜

- 뜻·소리 | 기쁠 희
- 주문 | 기뻐해라!
- 효과 | 사람의 감정을 기쁘게 만든다.

마법 4급 怒

- 뜻·소리 | 성낼 노(로)
- 주문 | 화내라!
- 효과 | 사람의 감정을 화나게 만든다.

완벽 연출! 토생원의 연기 강좌

 마법 3급 **哀**
- 뜻·소리 | 슬퍼할 **애**
- 주문 | 슬퍼해라!
- 효과 | 사람의 감정을 슬프게 만든다.

 마법 6급 **樂**
- 뜻·소리 | 즐길 **락**
- 주문 | 즐거워라!
- 효과 | 사람의 감정을 즐겁게 만든다.

캐릭터 강좌

가둬라! 가둘 수 囚

3급 변화마법

기본기

대상을 마법진에 가두어 움직이지 못하게 할 때 사용하는 마법이다. 자신보다 강한 상대에게는 효과가 없다.

囚: 丨 冂 冂 囚 囚

자기보다 강한 상대를 가두는 건 불가능한 일이랍니다.

힘

한자마력과 정신력이 더해져 만들어진 에너지가 마법진으로 변해 상대방을 움직이지 못하게 가둔다.

➡ 샤오가 마법천자문 조각에 홀려 이상해진 마을 사람을 가두고 있다.

잘못을 저지른 사람을 죄인 罪人 이라고도 부르죠.

활용

罪 + 囚 → 罪囚
죄 罪 가둘 수 죄지은 사람을 가둬라! 죄수!

囚 마법에 罪 마법을 합하면 죄를 지은 사람만 골라 가둘 수 있는 罪囚 마법이 된다.

비밀

어유~, 땅굴을 파서 탈출하다니! 얼마나 자유가 그리웠으면…. 그러기에 잘못을 저지르지 말았어야죠.

처음 囚 마법은 囚 형태였지만, 갇혀 있는 사람들이 빈번하게 탈출하자 지금의 囚 형태로 완성되었다.

놓아줘라! 놓을 방 放

기본기

가둘 수 囚 마법으로 갇혀 있는 사람을 다시 구해 낼 때 사용하는 마법이다.

放
、 ㅡ ㅕ 方
方 方 放 放

갇혀 있는 곳에서 구해 내 자유를 주는 마법이랍니다.

힘

정신력과 한자마력으로 생겨난 에너지가 가둘 수 囚 마법으로 만들어진 마법진을 부수고 갇혀 있던 사람이 빠져 나오도록 한다.

🔆 호킹이 갇혀 있는 옥동자와 샤오를 풀어 주고 있다.

활용

오~, 우리가 제일 좋아하는 단어마법이죠!

放 + 學 ➡ 放學
놓을 방 배울 학 학교에서 벗어나라! 방학!

학교에서 공부하는 학생들에게 수업에서 벗어나 휴식을 주는 단어마법이다.

비밀

이런 경우를 보고 하지 않느니만 못하다고 합니다.

放 마법을 사용하기 전에 囚 마법을 누가 사용했는지 알아야 한다. 만일 放 마법보다 囚 마법이 더욱 강력하다면 안에 갇힌 사람은 자유로워지지 못할 뿐 아니라, 더욱 괴로워질 수 있기 때문이다.

 # 굳어라! 굳을 고

5급 변화마법

기본기

마법 대상을 굳게 만들어 돌이 되게 할 때 사용하는 마법으로, 돌을 불러 내는 石 마법과는 다른 변화마법이다.

힘

소환마법과 변화마법의 차이를 모르겠으면 비밀의 사전 1권을 복습해 보세요.

한자마력에 정신력을 더해 만들어진 에너지가 상대방의 몸 안에 파고들어가 몸을 굳게 하고, 결국 돌이 되게 만들어 버린다.

▶ 토생원이 기장도사를 돌로 만들어 버린다.

굳어라! 굳을 고 固!

固 마법의 상대 마법이 풀 해 解 마법인 건 모두 알고 있죠?

활용

固 + 定 → 固定

굳을 고 정할 정 한 곳에 머물러라! 고정!

固 마법에 定 마법을 합하면 한 곳에 머무르며 움직이지 못하게 하는 固定 마법이 완성된다.

비밀

어머, 그건 예술을 모독하는 헛소문이라고 생각해요!

어쩌면 유명한 조각가들은 固 마법을 사용해서 세계적으로 사랑받는 조각상을 만든 것이 아닐까 하는 믿거나 말거나 소문도 있다. 하지만 사실을 확인할 수는 없다.

풀려라! 풀 해 解

4급 변화마법

기본기

마법에 걸린 대상의 마법을 풀어 줄 때 사용한다. 단, 자신의 마법력보다 월등히 높은 마법은 풀 수 없다.

解
丶 ㄥ ⺈ 夂 甬 角
角⼑ 角刀 角㇆ 解 解 解

하지만 걸려 있는 마법이 너무 강하면 解 마법으론 소용이 없어요.

힘

解 마법이 정신력과 합해져 생긴 에너지가 대상의 몸에 걸려 있는 다른 한자마법 에너지를 밀어 내 마법이 사라지게 만든다.

시험 볼 때 사용하면 진짜 좋겠다. 하지만 시험 볼 때 한자마법을 사용하면 반칙이라는 건 모두 알고 있죠?

○ 샤오가 손오공과 여의필을 굳을 고 固 마법에서 풀어 주고 있다.

활용

解 + 答 → 解答
풀 해　대답 답　풀어서 답해 줘!
해답!

解 마법과 答 마법을 동시에 사용하면 어떤 어려운 문제라도 풀어 주는 마법이 완성된다.

엄청난 고수라면 解 마법으로 뭐든 다 풀 수 있겠지만, 그 정도로 실력 있는 도사님은 아직까지 본 적이 없어요.

비밀

解 마법은 걸려 있는 마법의 힘을 없애서 자유롭게 만드는 역할을 하지만 처음엔 주로 묶여 있는 줄이나, 자물쇠를 여는 데서 시작되었다고 전해진다.

누워라! 누울 와 臥

3급 변화마법

기본기

대상을 움직이지 못하도록 눕게 하는 마법이다. 이 때 마법력의 차이가 많이 나면 엎드리게 되고, 그렇지 않은 경우 등을 대고 눕게 된다.

늦게까지 잠 안 자고 놀고 있는 애들에게 엄마가 제일 사용하고 싶은 마법일 거예요.

힘

한자마력과 정신력이 합해져 만들어진 에너지가 상대방의 팔다리를 잡고 억지로 바닥에 눕게 만든다.

▶ 샤오가 켄터킹을 억지로 눕게 만들고 있다.

누워라! 누울 와 臥!

활용

病 마법은 병에 걸리게 하는 무서운 마법이에요.

臥 + 病 → 臥病
누울 와 · 병 병
아파서 누워 있어라! 와병!

臥 마법이 病 마법과 합해지면 상대방을 앓아 눕게 만드는 엄청난 공격마법이 된다.

비밀

그러니까 밥 먹고 나면 설거지하는 엄마를 도와 드리는 습관을 길러 봐요.

옛날부터 밥 먹고 바로 누우면 소가 된다는 말이 있는 것처럼 밥 먹은 지 얼마 되지 않은 상대에게 臥 마법을 사용하면 소로 변해 버릴 수도 있다.

앉아라! 앉을 좌 坐

3급 변화마법

기본기

대상을 움직이지 못하도록 억지로 앉게 하는 마법으로, 마법력이 높으면 높을수록 앉을 때 엉덩이에 충격이 커진다.

엉덩이에 충격을 주지 않기 위해선 방석을 깔아 주는 것이 센스죠!

坐

ノ 人 亻 从 丛 샤 坐

힘

한자마력과 정신력이 합해져 만들어진 에너지가 상대방의 어깨를 꽉 눌러 상대는 어쩔 수 없이 그 자리에 주저앉게 된다.

● 켄터킹이 샤오를 강제로 방석에 앉게 만든다.

아주 비슷한 단어마법 중에 좌석 座席이란 마법도 있어요. 하지만 이 座席 마법은 앉을 수 있는 공간이 생겨나는 거랍니다.

활용

坐 + 席 ➡ 坐席

앉을 좌 자리 석   그 자리에 당장 앉아! 좌석!

坐 마법은 席 마법과 함께 사용하면 그 자리에 바로 앉게 하는 더욱 강력한 상위 마법이 된다.

비밀

공연장이나 극장에선 앉아서 구경하는 게 기본적인 예의랍니다.

키 작은 기장도사가 극장이나 공연장에서 서 있는 키 큰 사람들 때문에 사용했던 것이 사람들에게 알려지면서 여러 가지로 활용되기 시작했다고 한다.

일어서라! 설 립

7급 변화마법

누워 있는 물건을 곧게 세울 수 있는 마법이다.

立 : 一 亠 艹 立

立 마법의 활용

中 + 立 → 中立

가운데 중 설 립   한쪽으로 기울지 말고 가운데 서라! **중립!**

中 마법과 함께 사용하면 왼쪽으로나 오른쪽으로 치우치지 않고 가운데에 곧게 서도록 만들 수 있다.

벌떡 일어나라! 일어날 기 起

4급 변화마법

기본기

대상을 일어나게 할 때 사용하는 마법으로, 사물에 주로 사용하는 立 마법과 달리 살아 있는 상대에게 사용하는 마법이다.

起
一 + 土 ヰ ヰ
ヰ 走 走 起 起

"힘 하나 안 들이고 일어날 수 있는 참 편리한 마법이네요."

힘

한자마력과 정신력이 합해지면서 생겨난 에너지가 보이지 않는 손으로 상대방을 일으켜 세운다.

○ 여의필이 坐 마법에 걸려 있는 샤오를 일으켜 세우고 있다.

"호호호! 잠꾸러기 친구들이 제일 싫어하는 마법일 거예요. 기상~ 起床~!"

활용

起 + 床 → 起床
일어날 기 평상 상   잠에서 벌떡 일어나! 기상!

起 마법은 앉아 있거나 누워 있는 상대를 일으켜 세우는 마법이지만, 床 마법과 함께 쓰여 잠을 깨우는 起床 마법으로 활용된다.

비밀

"와우~! 치유마법으로도 사용되다니, 정말 대단한걸요!"

다리를 다쳐 일어나지 못하는 사람에게 起 마법을 사용할 경우 다리가 나아 벌떡 일어나게 되는 치유 효과가 있다. 하지만 효과가 없는 경우 병세가 악화될 수 있기 때문에 조심해서 사용해야 한다.

꼭꼭 숨어라! 숨을 은

4급 변화마법

기본기

상대방에게 자신의 모습을 감추기 위해 몸을 투명하게 만드는 마법이다.

隱
` ｀ ｀ ｀ ｢ ｢ ｢
｢ ｢ ｢ 阸 隱 隱
隱 隱 隱 隱 隱

힘

우아~, 완전 투명인간이 되는 거군요!

한자마력이 정신력과 합해지면서 모든 빛을 통과시키는 투명한 상태로 만들어 준다. 하지만 체온이나 호흡을 완벽하게 감추지는 못한다.

➡ 토생원이 마법으로 돈킹을 투명하게 만들어 숨기고 있다.

꼭꼭 숨어라! 숨을 은 隱!

물러날 퇴 退 마법과 함께 사용하면 자신이 일하던 곳에서 모습이 사라지는 은퇴 隱退 마법이 된답니다.

활용

隱 + 身 ➡ 隱身

숨을 은   몸 신   절대 못 찾게 숨어라! 은신!

隱身 마법은 隱 마법의 상위 마법으로 체온과 호흡마저 완벽하게 감출 수 있다.

비밀

옷이 그대로 있으면 다 들통나 버리니 한자마법을 쓰나마나잖아요!

정신력이 부족한 경우 隱 마법으로 몸을 감출 수는 있지만, 입고 있는 옷까지 감추지 못할 때도 있다.

모습을 드러내라! 나타날 현 現

기본기

숨을 은 隱 마법으로 투명하게 된 사람이나 사물을 다시 보이게 하는 마법이다.

現
一 二 F 王 珇 玥
珇 珇 珇 珇 現

그럼 現 마법은 隱 마법의 상대 마법이 되는 거겠죠?

힘

한자마력과 정신력이 결합해 생겨난 빛이 상대방을 통과하면서 隱 마법의 힘을 사라지게 하여 몸이 보이도록 한다.

변화마법 · 6급

現 마법은 나타내는 능력 말고도 '지금, 이제' 의 뜻으로 시간마법의 능력도 가지고 있어요. 현재 現在, 현존 現存 등의 단어마법에선 그렇게 사용되고 있어요.

모습을 드러내라! 나타날 현 現!

▶ 돈킹이 투명해졌던 자신의 모습을 드러내고 있다.

활용

現 + 地 ➡ 現地
나타날 현   땅 지   사건 발생 장소로! 현지!

地 마법과 함께 사용하면 사건이나 사람이 나타났던 곳으로 이동할 수 있는 단어마법이 된다.

하지만 엄청난 능력을 가진 고수라면 어디 숨어 있는지 단숨에 찾아 낼 수 있죠.

비밀

隱 마법으로 숨어 있는 상대의 모습을 드러내게 하는 것은 쉽지 않다. 왜냐하면 現 마법의 범위는 매우 좁아서 숨어 있는 확실한 자리를 알지 못하면 아무 소용이 없기 때문이다.

힘을 합쳐 더 강하게! 협력할 협

4급 변화마법

기본기

여러 사람이 힘을 합쳐 한꺼번에 강력한 힘을 낼 때 사용하는 마법이다.

힘

이 때 세 사람은 한마음 한뜻으로 똑같은 한자마법을 사용해야만 효과가 있어요.

여러 사람의 정신력과 한자마력이 모두 합해지면서 강력한 에너지가 생겨나게 된다.

▶ 옥동자, 손오공, 삼장이 힘을 한 곳으로 모으고 있다.

同 마법은 여러 사람이 하나로 모인다는 뜻을 가진 한자마법이에요.

활용

협력할 협 한가지 동 한마음으로 힘을 합해라! 협동!

協同 마법은 協 마법의 상위 마법으로 서로의 마음을 합해 모든 일을 해결할 수 있을 정도로 거대한 힘을 만들어 낸다.

서로 힘을 모은다는 건 여러 명의 마음이 한뜻으로 모여야 가능하거든요.

비밀

아무리 力 마법이 3개 모여 있다고 해도 한 사람에게서 나온 한자마력이라면 協 마법은 성립되지 않는다. 協 마법의 가장 중요한 점은 여러 명이 함께 힘을 모은다는 것이다.

캐내라! 캘 채 採

기본기

땅이나 벽에서 돌 등을 팔 때 사용하는 마법이다

힘

"광석을 캘 때는 역시 곡괭이가 최고예요."

정신력과 한자마력으로 생겨난 에너지가 곡괭이를 만들어 낸다. 이 때 곡괭이는 마법을 사용한 사람의 시선을 따라 움직이게 된다.

➡ 기장도사가 마정석을 캐내고 있다.

"빛은 곡괭이로 캐낼 수가 없잖아요. 이럴 때는 곡괭이보다는 창문을 만들어 빛을 모으는 거죠."

활용

採 + 光 → 採光
캘 채   빛 광   빛을 받아들여라!
              채광!

뭔가를 캘 때 사용하는 採 마법이 光 마법과 합해지면 창문이 생겨나 바깥의 빛을 받아들이는 새로운 능력이 나타나기도 한다.

"하지만 큰 도구가 생겨난다고 꼭 좋은 것은 아니에요. 복잡한 도구가 나타나면 사용 방법도 알아야 하고 귀찮거든요."

비밀

採 마법으로 생겨나는 곡괭이는 마법 사용자의 체력에 맞는 도구로 바뀐다. 체력이 강하면 강할수록 도구의 크기는 커진다.

4급 변화마법

眠 쿨쿨쿨! 잘 면

3급 변화마법

기본기

대상을 잠들게 할 때 사용하는 마법이다.

眠

힘

한자마력이 정신력을 이용해서 대상의 마음을 안정시키고, 눈꺼풀이 무거워져 깊은 잠에 빠지도록 만든다.

▶ 쌀도사가 소란을 피우는 끼로로를 잠들게 만들고 있다.

활용

不 마법은 어떤 한자든지 반대로 만들어 버리는 힘이 있어요.

不 + 眠 + 症
아니 불 잘 면 증세 증

➡ 不眠症
잠 못 자는 병에 걸려라! 불면증!

眠 마법과 아니 불 不 마법을 함께 사용하면 잠을 못 자도록 하는 마법으로 쓸 수도 있다.

비밀

잠을 잔다는 건 눈을 감는다는 뜻이잖아요? 그래서 눈 목 目 마법의 힘을 빌려 왔답니다.

眠 마법은 누구나 사용할 수 있지만 그 대상이 자신보다 정신력이 강할 때는 아무런 효과가 없다.

신나게 춤춰라! 춤출 무 舞

4급 변화마법

舞 상대방을 신나게 춤추도록 만드는 마법이다.

舞 마법의 활용

舞 + 臺 → 舞臺
춤출 무 / 대 대 / 춤출 무대를 만들어라! 무대!

장소를 만들어 내는 臺 마법과 함께 사용하면 춤을 출 수 있는 멋진 무대가 만들어진다.

 아파라! 아플 통

4급 변화마법

기본기

상대방을 아프고 고통스럽게 만드는 마법으로, 쓸 고 苦 마법은 심리적으로 아프게 하지만 痛 마법은 몸을 아프게 한다.

痛
丶 亠 广 疒 疒 疒
疒 疒 病 病 病 痛

힘

온몸이 조여든다니! 얼마나 아플지 상상도 하고 싶지 않아요!

한자마력이 온몸을 둘러싸고 조여서 엄청나게 아프게 만든다. 보통은 육체적인 고통을 주지만 고수들은 마음까지 아프게 할 수 있다.

➡ 율법의 사슬에 묶인 돈킹이 痛 마법으로 괴로워하고 있다.

그냥 痛 마법만으로도 아플 텐데 苦 마법까지! 정말 보통 사람은 견딜 수 없을 거예요.

활용

苦 + 痛 ➡ 苦痛
쓸 고 　 아플 통 　 아프고 쓰게
만들어라! 고통!

심리적인 것과 육체적인 것을 같이 공격해 보통 사람들은 견딜 수 없는 아픔을 준다.

마음을 아프게 하는 것이 좀 더 힘들다고 해요! 마음을 아프게 하는 능력은 통감 痛感 같은 단어마법에 들어가 있답니다.

비밀

痛 마법은 몸을 아프게 하는 능력과 더불어 마음을 슬프게 하는 능력도 있다. 사용하는 사람이 어떤 능력을 사용할지 마음 속으로 결정하고 불러 내면 된다.

죗값을 치러라! 형벌 형 刑

기본기

임무에 실패하거나 약속을 어긴 상대방에게 벌을 내리는 마법이다. 자신보다 약한 상대방에게 사용할 수 있다.

약속을 지키지 않는 건 나쁜 일이지만 친구 사이에서는 이 마법을 사용하지 않아요.

刑
一 二 千 开 刑 刑

힘

한자마력과 정신력이 합해지면서 마법으로 만들어진 사슬이 생겨난다. 그 사슬이 상대방을 벗어날 수 없게 붙들어 온몸을 아프게 만든다.

4급 변화마법

죗값을 치러라! 형벌 형 刑!

◎ 흑심마왕이 임무에 실패한 켄터킹에게 벌을 내리고 있다.

罰 마법은 刑 마법보다는 약하지만 둘이 합해지면 힘이 엄청나져요.

활용

刑 + 罰 → 刑罰
형벌 형　벌할 벌

무시무시한 벌을 받아라! 형벌!

벌을 내리는 2가지 한자마법을 결합하면 정말 무서운 마법이 된다.

십이신마 사이에서 이 벌을 받으면 상대방은 한자마력도 아예 사용할 수 없게 된대요.

비밀

너무 아파요! 풀어 주세요!

십이신마 세계에서 약속에 의해 처음 만들어진 한자마법. 십이신마들이 사용할 때는 율법의 사슬이라는 무시무시한 아이템이 생겨나 강한 벌을 내린다.

빠르게! 빠를 쾌

4급 변화마법

기본기

움직이는 속도를 더 빠르게 만들어 준다.

이렇게 다른 한자에게 힘을 더해 주거나 도와주는 마법을 첨가 마법이라고 불러요.

힘

움직이는 마법에 더 빨리 움직일 수 있는 힘을 더해 주는 마법으로, 혼자 쓰는 것보다 단어마법으로 써야 마법 효과가 크다.

➡ 호킹이 단어마법을 사용해 엄청난 속도로 공격하고 있다.

같은 능력의 한자마법이 결합하면 엄청난 힘을 가진 단어마법이 된답니다.

활용

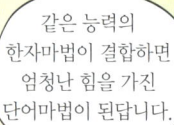
빠를 쾌 빠를 속

더욱 빨라져라! **쾌속!**

빠르다는 뜻을 가진 유사 마법이 함께 결합해 엄청난 속도로 움직이게 된다.

'쾌할 쾌' 란 뜻으로도 아주 많이 쓰여요. **쾌감 快感, 쾌유 快遊** 같은 단어가 그런 예랍니다.

비밀

快 마법은 사람의 마음을 즐겁게 해 주는 능력도 있다. 이 때 '쾌할 쾌'로 뜻이 바뀌는데 즐길 락 樂 마법처럼 억지로 즐겁게 만드는 것이 아니라 힘들 때 기분 좋게 만드는 효과를 가졌다.

조용히 해! 묵묵할 묵

기본기

마법을 사용하면 마스크가 생겨나 상대방이 말을 하지 못하도록 만든다.

默
丶 冂 冂 冂 罒 罒
罒 黒 黒 黒 黒 黒
黒 默 默 默

힘

한자마력과 정신력이 합해져 상대방의 입에 마법 마스크가 생겨난다. 그 마스크가 상대방의 말을 다 흡수해서 말소리가 밖으로 빠져 나오지 않게 된다.

수다쟁이 친구들한테 사용하면 딱 좋은 마법이죠. 호호호!

3급 변화마법

○ 샤오가 서로 싸우는 손오공과 끼로로를 조용히 시키고 있다.

沈 마법은 주로 뭘 가라앉힐 때 쓰는데 배가 물에 빠지게 하는 침몰 沈沒이란 단어마법에도 쓰이죠.

활용

沈 + 默 → 沈默

가라앉을	묵묵할	아무 말 하지 마!
침	묵	침묵!

마스크를 만들어 내지 않고도 소리가 밖으로 나오지 못하도록 상대방의 몸 안에서 봉인하는 강한 단어마법이다.

비밀

答 마법이랑 비슷하게 자신 스스로는 벗어날 수 없어요. 그러니까 마법에 걸리지 않도록 더 조심해야겠죠?

默 마법에 걸리면 말을 할 수 없기 때문에 스스로 풀려나기는 힘들다. 다른 사람이 풀 해 解 마법을 써서 마법을 풀어 줘야 한다.

충전하라! 채울 충

5급 변화마법

기본기

사용자가 자신의 힘을 모으고 싶을 때 사용할 수 있다.

丶 一 二 产 产 充

자신의 힘이 조금 부족하다고 느껴질 땐 充 마법의 힘을 빌려서 힘을 채우도록 하세요!

힘

한자마력이 사용자의 몸으로 들어와 정신력에 힘을 더해 주면 다른 마법을 사용할 수 있는 능력이 상승한다.

▶ 천자패를 알아보기 위해 보리도사가 힘을 모으고 있다.

充 마법은 유사 마법과 결합해서 다양한 단어마법으로 쓰이고 있답니다.

활용

充 + 滿 ➡ 充滿
채울 충   찰 만   가득 충전해라! 충만!

채울 수 있는 만큼 채운다.

補 + 充 ➡ 補充
보탤 보   채울 충   모자란 만큼 충전해라! 보충!

부족한 만큼만 채운다.

자신의 정신력과 체력을 모두 채울 수 있는 것도 充滿 마법이란 단어마법을 사용해야만 가능하답니다.

비밀

充 마법으로 힘을 채울 수 있다고 해도 자신이 원래 가진 정신력이나 체력의 양보다 많이 채울 수는 없다. 따라서 充 마법만 믿고 자신보다 강한 상대방과 싸워서는 안 된다.

모래로 변해라! 모래 사 沙

기본기

어떤 사물을 모래로 만들 때 사용한다. 마법에 의해 어떤 강한 사물도 모래가 되어 부서진다.

沙
丶 丶 氵 氵 氵 沙 沙

혹시 바닷가 모래사장은 沙 마법 때문에 생겨난 게 아닐까요? 후후후!

힘

한자마력이 정신력을 흡수해서 생긴 에너지가 사물에 들어가서 본래의 모습을 모래로 바꾸어 버린다.

물도 없는 사막으로 변하는 건 정말 싫어요.

● 토생원이 타고 올라가는 쇠사슬을 호킹이 모래로 바꾸고 있다.

활용

沙 + 漠 → 沙漠
모래 사 넓을 막 사막이 되어라!
사막!

漠 마법을 함께 사용하면 모래가 넓게 펼쳐져 사막으로 변하는 마법이 된다.

비밀

살아 있는 생명체를 모래로 만드는 건 끔찍한 짓이에요!

沙 마법은 살아 있는 동물에게는 사용할 수 없다. 동물의 생명은 어떤 한자 마법으로도 쉽게 빼앗을 수 없어서 마법이 통하지 않는다.

3급 변화마법

캐릭터 강좌

筋肉

- 뜻·소리 | 힘줄 근, 고기 육 : 근육
- 주문 | 근육이 생겨라!
- 효과 | 울퉁불퉁 근육을 만들어 준다.

運動

- 뜻·소리 | 옮길 운, 움직일 동 : 운동
- 주문 | 움직이며 운동해라!
- 효과 | 몸을 움직여 운동하게 만든다.

돈킹의 멋진 몸매 따라 하기

몸에 남아 있는 군살을 빼는 덴 달리기가 최고지.

달릴 주 走 마법을 써서 쉬지 않고 뛰는 거야.

해설 | 달릴 주 走 마법을 쓰면 멈추지 않고 달리니 특히 조심해요.

마지막엔 적당히 걸어서 운동을 정리해야 해.

나는 항상 걸음 보 步 마법을 써서 마무리하지.

해설 | 步 마법은 무리하지 않고 천천히 걷게 만드는 마법이죠. 걷는 건 건강에 좋대요.

운동이 모두 끝나면 깨끗이 씻는 게 예의라고!

해설 | 어머, 돈킹 씨! 이런 장면까지 보여 주시다니! 의외로 깔끔하시군요.

어때? 나의 멋진 몸매는 그냥 생기는 게 아니라고! 이제 나의 근육 몸매를 모두들 가질 수 있겠지?

해설 | 열심히 운동하다 보면 멋진 근육도 저절로 생기겠죠! 그리고 건강해질 테니 좋고요!

마법 4급 走

- 뜻·소리 | 달릴 **주**
- 주문 | 달려라!
- 효과 | 멈추지 않고 달리게 만든다.

마법 4급 步

- 뜻·소리 | 걸음 **보**
- 주문 | 걸어라!
- 효과 | 천천히 걷게 만든다.

나와라, 밥그릇! 그릇 기

4급 소환마법

기본기

먼 곳에 놓여 있는 밥그릇을 자신이 있는 곳으로 불러 온다.

힘

자신의 머릿속에 떠오르는 그릇을 정신 속으로 빨아들여 다시 눈앞에 꺼내 놓는 마법이다. 대부분 가장 많이 떠오르는 것이 밥그릇이라고 한다.

> 밥그릇은 하루에 세 번씩 보는 거니까 제일 먼저 떠오르겠죠. 후후!

○ 돈돈이 그릇을 불러 내고 있다.

> 이 한자는 즐길 락 樂이지만 풍류 악 樂으로도 쓰여요. 그때 그때 달라요~.

활용

樂 + 器 → 樂器

풍류 악   그릇 기   음악을 연주하는 기구! 악기!

樂 마법과 함께 사용하면 먹을 때 사용하는 그릇이 아니라, 음악을 연주하는 악기를 불러 내는 마법이 된다.

비밀

> 하지만 커다란 그릇을 소환하려고 돼지가 될 필요는 없어요!

器 마법으로 불러 오는 그릇의 크기는 대부분 자신의 식사량과 관련이 있다. 평소 많이 먹으면 먹을수록 커다란 그릇이 나온다.

매우 쳐라! 칠 타 打

5급 소환마법

기본기

그냥 때리거나 방망이 등을 불러 내어 상대방을 **때려서** 공격한다.

힘

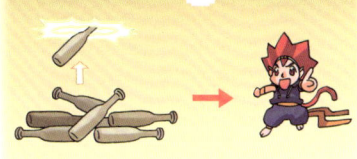

미리 준비해 놓은 방망이들이 한자마력을 통해 사용자의 앞에 나타난다. 이 때 방망이들은 사용자가 가리키는 대상을 **때리도록** 준비되어 있는 상태다.

打 마법은 방망이 값이 많이 들겠다.

○ 흑심마왕이 방망이를 소환해 손오공을 공격하고 있다.

아~, 농부들이 쉽게 일할 수 있게 해 주는 마법이네요.

활용

打 + 作 → 打作

칠 타   지을 작   곡식알을 거둬라! **타작!**

농사를 지을 때 쓰는 作 마법과 打 마법이 합해지면 곡식을 때려 알을 떨어서 거두는 **타작 打作** 마법이 된다.

비밀

능력에 따라 계속해서 打 마법을 사용할 수 있다. 하지만 한꺼번에 똑같은 마법을 여러 개 사용하는건 체력과 정신력이 많이 드는 일이다.

한자마법을 자기의 능력보다 많이 쓰면 생명도 위험해질 수 있다는 걸 명심해요.

減 충격을 줄여 줘! 덜 감

4급 소환마법

기본기

부딪히거나 떨어질 때 충격을 감소시키거나 무게를 덜어 주는 마법이다.

減

에어백은 자동차에만 있는 줄 알았는데, 한자마법으로 만들 수 있다니 신기하네요.

힘

정신력으로 커다란 주머니를 만든 뒤, 한자마력으로 공기를 채우면 푹신푹신한 공기 주머니(에어백)가 만들어져 충격을 덜어 준다.

○ 옥동자가 샤오를 구하기 위해 減 마법을 사용하고 있다.

충격을 줄여 줘! 덜 감 減!

급하게 운전하는 분들께 가장 필요한 마법인 것 같아요.

활용

減 + 速 ➡ 減速
덜 감   빠를 속   속도를 줄여 줘! 감속!

減 마법을 速 마법과 함께 사용하면 속도를 줄이는 마법이 된다.

호호호, 뭐든 적절한 상황에 사용하지 못하면 효과가 없는 건 당연하죠!

비밀

減 마법은 정확도가 중요한 마법이다. 순식간에 생겨났다가 사라지는 공기 주머니(에어백)는 충격을 덜어 줘야 하는 순간에 딱 맞춰 사용하지 않는다면 아무런 효과가 없다.

활 나와라! 활 궁 弓

3급 소환마법

기본기

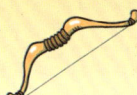

멀리 있는 활을 사용자 앞으로 불러 내는 마법이다.

이 한자마법만 알고 있으면 언제 어디서든 '짠' 하고 활을 만들어 낼 수 있다고요.

힘

멀리 있는 활을 사용자가 정신력으로 분해해서 자신의 정신 속으로 빨아들인다. 그런 다음 자기 앞에 꺼내 놓으면 활이 나타나게 된다.

활을 쏘는 건 손이지만 손만 올 수 없으니까 사람이 따라오나 봐요.

활 나와라! 활 궁 弓!

압!

◐ 저팔계가 돈킹을 공격하기 위해 활을 불러 내고 있다.

활용

활 궁　손 수　활을 쏘는 사람! 궁수!

弓 마법과 手 마법을 동시에 사용하면 활을 잘 쏘는 궁수까지 불러 낼 수 있다. 이 때 궁수는 마법을 사용한 사람의 명령을 듣게 된다.

활을 만들었는데, 화살이 따라오네. 화살은 보너스~.

비밀

弓 마법으로 활을 소환하면 화살이 2개 생겨나는데, 이 2개의 화살을 모두 사용한 뒤에 또 다른 화살이 없으면 활은 사라지게 된다. 단, 사용자의 정신력이 강하다면 사라지지 않을 수도 있다.

 나와라, 그물! **그물 망**

2급 소환마법

기본기

그물을 불러 와서 상대방을 움직이지 못하게 가둬 버리는 마법

網

丶 ㇉ 幺 爷 糸
糸 糸 糽 糽 網
網 網 網 網

마법 소환창고란 필요한 물건을 모아 놓는 창고를 말하는데 멀리서 이 곳에 모아 둔 물건을 불러 내서 사용할 수 있어요.

힘

마법 소환창고에 보관 중인 그물을 정신력으로 분해해 옮겨 놓은 다음, 다시 밖으로 꺼내면 눈앞에 펼쳐지게 된다. 이 때 불러 온 그물은 상대방을 향해 날아간다.

➡ 용왕이 새로 변한 보리도사를 잡기 위해 그물을 불러 내고 있다.

나와라, 그물! 그물 망 網!

網 마법으로 만든 그물 침대가 저는 제일 좋아요.

활용

魚 + 網 ➡ 魚網
고기 어 그물 망 물고기를 잡는 그물! 어망!

網 마법은 여러 가지로 활용되는데, 魚 마법과 함께 사용하면 물고기를 잡는 그물이 된다.

호호호! 그럼 덜렁거리는 옥동자가 만든 그물로는 절대 물고기를 잡을 수 없겠네.

비밀

網 마법은 사용자의 성격과 관련이 깊다. 성격이 차분하고 섬세한 삼장의 경우엔 網 마법으로 만들어진 그물이 너무 촘촘해서 모기장으로도 사용할 수 있다고 한다.

나와라, 집! 집 가 家

7급 소환마법

기본기

사람이 살 수 있는 집을 한순간에 만들어 낼 수 있다.

힘

통째로 집을 가져오기엔 너무 힘드니까 재료를 불러다가 순식간에 만드는 거랍니다.

머릿속에 집의 모습을 떠올리면서 家 마법을 사용하면 마법 소환창고에 보관 중이던 집짓기 재료들이 정신력으로 옮겨져 순식간에 집이 완성된다.

▶ 보리도사가 마법으로 집을 만들고 있다.

손오공의 가문은 원숭이 가문!

활용

家 + 門 → 家門

집 가　문 문　대대로 이어져 오는 집안! 가문!

門 마법과 합해져서 만들어진 家門은 집의 문이라는 뜻이 아닌 대대로 이어져 오는 집안을 뜻한다.

비밀

마법으로 만든 집은 금방 없어지기 때문에 그런 집을 파는 사람은 사기꾼이에요!

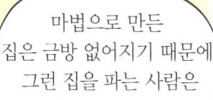

직접 지은 집은 오래가지만, 마법으로 만든 집은 하루를 넘기기 어렵다. 만일 이사 가기 위해 집을 구경하러 다니게 될 때는 마법으로 만든 집인지 아닌지 꼭 확인해야 한다.

# 영양만점! 쌀 미

6급 소환마법

기본기

맛있는 쌀을 눈 깜짝할 사이에 자기 앞에 내놓는다.

힘

농부들이 땀 흘려 만든 쌀과 맛의 차이가 어떨지 궁금해지네요.

머릿속으로 쌀을 떠올리면 쌀 모양이 실제로 만들어지는데, 이 때 만들어지는 쌀은 실제 쌀이 아니고 마법 쌀이 된다.

▶ 돈돈이 돈킹의 궁금증을 풀어 주기 위해 쌀을 불러 오고 있다.

검을 현 玄 마법을 쓰면 검은 쌀이 되는 거 아니냐고 걱정하겠지만 玄 마법을 아주 살짝만 쓰기 때문에 약간 누르스름한 현미가 된답니다.

활용

玄 + 米 → 玄米
검을 현 쌀 미 몸에 좋은 쌀! 현미!

玄 마법을 米 마법과 함께 쓰면 벼의 껍질만 벗겨 내 겉면이 누르스름한 쌀인 현미가 만들어진다.

비밀

역시 쌀은 농부의 땀으로 만들어지는 땅의 선물이에요.

어, 왜 배가 고프지?

마법 쌀은 마법으로 만들어졌기 때문에 농부의 땀과 땅의 영양분을 충분히 흡수하지 않은 쌀이다. 그래서 쉽게 소화가 되고, 금방 배가 고파지는 단점이 있다.

맛있는 고기! 고기 육 肉

기본기

맛있는 고기를 원하는 대로 바로 만들어 낼 수 있다.

힘

어머! 바로 먹을 수 있게 노릇노릇하게 구워져 나오네요.

머릿속에 고기 모습을 떠올리고 肉 마법을 사용하면 순식간에 고기가 만들어지는데, 이 때 만들어진 고기는 쌀과 마찬가지로 마법 고기이다.

○ 돈킹이 돈돈에게 잘 보이려고 맛있는 고기를 만들어 주고 있다.

魚 마법은 식인어를 불러 오는 마법인 줄 알았는데, 생선 요리도 만들 수 있는 마법이었구나.

활용

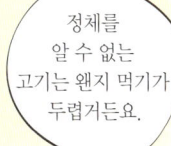

魚 + 肉 → 魚肉
고기 어 고기 육 생선과 고기!
　　　　　　　　어육!

魚 마법과 肉 마법을 동시에 사용하면 생선 요리와 고기 요리가 동시에 만들어진다.

비밀

정체를 알 수 없는 고기는 왠지 먹기가 두렵거든요.

사실 肉 마법으로 만들어진 고기의 정체는 아무도 모른다. 쇠고기, 돼지고기, 닭고기 등 불러 낼 때마다 고기의 종류가 바뀌기 때문에 장사를 한다거나, 슈퍼에서 팔 수는 없다.

4급 소환마법

칼 나와라! 칼 도

3급 소환마법

기본기

멀리 있는 칼을 자기 앞으로 불러 내서 사용할 수 있다.

刀
ㄱ 刀

힘

그렇게 날카로운 칼을 정신 속으로 흡수하다가 혹시 다치지 않을까 걱정이네요.

멀리 있는 칼을 활 궁 弓 마법과 같은 방법으로 정신력을 이용해 자신의 앞으로 가지고 온다.

▶ 돈킹이 칼 도 刀 마법을 사용해서 칼을 불러 내고 있다.

이렇게 하나의 마법을 사용하고 바로 다른 마법을 사용하는 것을 연속마법이라고 하죠.

칼 나와라! 칼 도 刀!

활용

刀 ▶ 長
칼 나와라! 길어져라!
칼 도! 길 장! → 칼이 길어진다!

刀 ▶ 短
칼 나와라! 짧아져라!
칼 도! 짧을 단! → 칼이 짧아진다!

刀 마법은 길이를 나타내는 長, 短 마법과 함께 사용하면서 긴 칼과 짧은 칼로 변화시킬 수 있다.

비밀

칼은 원래 위험한 도구이기 때문에 피곤하거나 체력이 없을 때 사용하는 건 위험해요.

刀 마법으로 소환하는 칼은 사용자의 정신력과 체력에 따라 품질이 결정된다. 피곤한 상태나 체력이 없는 상태에서 칼을 불러 내면 녹슨 칼이 나와 갈아서 사용할 수밖에 없다.

나와라, 방패! 방패 간 干

4급 소환마법

기본기

상대방에게 물리적인 공격을 당할 때 방패를 불러 와서 방어한다.

힘

칼을 막아야 하는 방패는 무지 무겁고 만들기 어렵잖아요. 그래서 체력도 많이 필요해요.

마법 소환창고에 보관 중인 방패를 정신력으로 분해해서 불러 오는 마법인데, 방패는 너무 단단해서 불러 올 때 체력이 많이 든다. 그래서 급박한 상황에만 사용한다.

나와라, 방패! 방패 간 干!

◎ 이랑장군이 혼세마왕의 공격을 방패 간 干 마법으로 막고 있다.

涉 마법은 다른 사람의 사이를 왔다 갔다 하는 능력을 가진 마법이에요. 둘이 함께 합해지면 무시무시한 간섭 마법이 된답니다.

활용

방패 간   건널 섭   남의 일에 나서서 참견해! 간섭!

干 마법은 방패를 만들어 내는 능력 말고도 여러 가지 능력을 함께 가지고 있다. 다른 사람에게 물건을 구해 오거나 다른 사람 일에 참여할 수 있는 능력도 있다. 단어마법에 따라 다르게 쓰인다.

계속 干 마법을 쓰다간 힘이 바닥나서 걷지도 못하게 될 거예요.

비밀

干 마법의 방어력은 단 한 번만 사용하면 사라져 버리게 된다. 그래서 공격받을 때마다 干 마법을 사용해야 하는데, 계속되는 전투에서는 미리 실제 방패를 준비해 놓는 것이 효과적이다.

나와라, 대포! 대포 포

4급 소환마법

커다란 대포가 생겨나서 원하는 것을 넣어 상대방에게 발사할 수 있다.

砲 마법의 활용

砲 + 手 → 砲手
대포 포 손 수 대포 쏘는 사람 나와라! 포수!
대포를 쏘는 사람을 불러 낸다.

大 + 砲 → 大砲
큰 대 대포 포 큰 대포 나와라! 대포!
커다란 대포를 소환한다.

두 배로 타올라라! 불꽃 염 炎

3급 소환마법

기본기

불 화 火 마법의 상위 마법으로 물로 끌 수 없는 강력한 불을 소환한다.

炎
丶 丶′ 丷 火 火 炎 㶁 炎

> 물로 끌 수 없는 불은 뭐로 꺼야 할까요?

힘

炎 마법은 火 마법이 합해져 사용하는 원리를 갖고 있지만, 火 마법을 두 번 쓰는 것과는 전혀 차원이 다르다. 주위의 천연 가스를 끌어 모아 불을 붙이기 때문에 불꽃이 파랗게 되고, 물로 꺼지지 않는다.

> 아~, 가스레인지의 불꽃이 파란 것과 같은 거구나!

● 토생원이 물로도 꺼지지 않는 불꽃을 만들어 내고 있다.

두 배로 타올라라!
불꽃 염 炎!

> 暴 마법은 함께 사용하는 마법의 힘을 크게 만들어요. 그래서 폭풍 暴風, 폭우 暴雨같이 무시무시한 단어마법을 만들어 낸답니다.

활용

暴 + 炎 → 暴炎
사나울 불꽃 타는 듯한 더위!
폭   염   폭염!

暴 마법과 炎 마법을 함께 사용하면, 뜨거운 날씨를 만드는 상위 단어마법인 暴炎 마법이 된다.

비밀

> 호호호! 불길이 세다고 다 좋은 건 아니었네요.

炎 마법은 불길이 너무 세서 음식을 익히거나, 모닥불을 피울 때 사용하면 모든 것을 태우고 바로 사라지기 때문에 전혀 쓸모가 없다.

 자라나라, 대나무! **대나무 죽**

4급 소환마법

기본기

대나무 여러 그루를 불러 내서 방어벽을 만드는 **방어 마법**이다.

힘

나무 목 木 마법과 같은 방법으로 나타나요.

정신력으로 대나무의 씨앗을 만들고, 한자마력으로 땅의 힘을 모은다. 그러면 대나무가 무럭무럭 자라는데 竹 마법은 대나무 여러 그루를 한꺼번에 자라게 해 방어벽을 만든다.

▶ 삼장이 대나무로 마을 사람들을 막는 방어벽을 만들고 있다.

자라나라, 대나무! 대나무 죽 竹!

대나무로 만든 말을 타고 놀면 재미있을 것 같은데요.

활용

竹 + 馬 + 故 + 友
대나무   말마   옛고   벗우
죽

→ 竹馬故友

어릴 때 함께 자란 친구! **죽**마고우!

竹馬故友 마법은 어릴 때 대나무로 만든 장난감 말을 타고 함께 놀았던 옛 친구를 의미한다. 그 친구를 만날 때 사용한다.

그러니까 함부로 마법을 사용하면 자연의 균형이 깨질 수도 있어요.

비밀

竹 마법을 사용하면 갑작스럽게 많은 대나무가 자라면서 땅의 영양분을 많이 사용한다. 그래서 주위에 있는 풀이나 나무들은 영양분이 모자라 자랄 수 없게 된다.

나무 뿌리 올라와라! 뿌리 근 根

6급 소환마법

기본기

나무 뿌리를 땅 밖으로 불러 내서 상대방을 막는 방어 마법이다.

根
一 十 才 才 才
木 木 木 根 根 根

힘

원래 뿌리는 땅 속으로 뻗어 나가는데, 땅 밖으로 나오면 과연 어떻게 되는 걸까요?

정신력과 합해진 한자마력이 땅 속에 있는 나무들의 뿌리를 끌어 내 마음대로 조종할 수 있는 마법이다.

나무 뿌리 올라와라! 뿌리 근 根!

으아!

◆ 토생원이 나무 뿌리를 올라오게 해서 사람들을 막아 내고 있다.

本 마법과 합해져 사람의 본래 모습을 알아 내는 마법으로도 쓰여요.

활용

根 + 據 → 根據
뿌리 근 / 의거할 거 / 가장 기본이 되는 증거! 근거!

據 마법과 함께 사용하면 어떤 사건의 근본이 되는 정보를 알아 낼 수 있는 상위 단어마법이 된다.

비밀

나무가 없으니 뿌리도 없겠죠.

나무 뿌리를 불러 내는 根 마법은 나무가 없는 사막이나 바닷가에서는 절대 사용할 수 없는 마법이다.

 나와라, 알! **알 란**

4급 소환마법

기본기

많은 알을 한꺼번에 불러 낼 수 있다.

힘

그럼 알을 낳는 거북이나 악어도 卵 마법을 쓸 수 있겠구나.

자신이 낳은 알들을 상상하면서 정신력으로 알들을 불러 낸다. 사람들은 사용할 수 없고, 알을 낳는 동물들만 사용할 수가 있다.

➡ 켄터킹이 단단하고 커다란 알들을 많이 불러 내고 있다.

계란 프라이는 제가 제일 좋아하는 음식이에요. 후후!

활용

닭 鷄   알 卵

맛있는 계란 나와라! 계란!

여러 가지 알 중에서도 확실하게 닭의 알을 불러 낼 때 사용하는 단어마법이다.

비밀

호호호! 그럼 정말 창피해서 얼굴이 화끈거리겠다.

卵 마법은 평소에 낳지 않았던 알을 힘주어 한꺼번에 낳는 마법이다. 자칫 너무 힘을 주게 되면 응가가 나올 수도 있다.

꼬끼오! 닭 계 鷄

4급 소환마법

기본기

알 란 卵 마법으로 만든 알 속에서 닭들을 불러 낸다.

힘

닭이 알을 낳는데 알에서 닭이 태어나잖아요! 닭이 먼저일까요, 알이 먼저일까요?

정신력과 한자마력이 결합된 에너지가 알 속에 있는 병아리를 꺼낸다. 병아리들은 스스로 알을 깨고 밖으로 나오는 동시에 닭으로 변한다.

● 켄터킹이 알에서 닭을 불러 내고 있다.

공부도 열심히! 운동도 열심히 하면 누구나 군계일학이 될 수 있어요.

활용

群 + 鷄 + 一 + 鶴
무리 군 닭 계 하나 일 학 학

→ 群鷄一鶴
닭 무리 가운데 한 마리 학!
군계일학!

群鷄一鶴 마법은 여러 마리의 닭 가운데 학 한 마리를 골라 낸다는 의미로, 많은 사람 가운데 특히 뛰어난 인물을 찾아 낼 때 사용하는 상위 마법이다.

비밀

우아~! 그 커다란 악어도 알에서 태어나는군요.

鷄 마법은 알이 있어야 사용할 수 있는 마법이다. 하지만 모든 알이 닭이 되는 것은 아니기 때문에 알을 준비할 때는 어떤 동물의 알인지 확인해야 한다.

 솟아라! 벽 벽

4급 소환마법

기본기

벽을 불러 내서 상대방의 공격으로부터 자신을 방어하는 방어 마법이다.

壁

힘

땅을 위로 끌어올리기 때문에 아래쪽은 텅 비어 있어요.

정신력과 한자마력으로 만들어진 에너지가 땅에서 벽을 끌어올리는 마법으로, 벽의 종류는 마법을 사용하는 장소의 바닥과 일치하게 된다.

▶ 샤오가 가까이 오지 못하도록 옥동자가 벽을 만들고 도망쳤다.

솟아라! 벽 벽 壁!

공격, 방어 능력보다는 예술 능력이 훨씬 멋져요!

활용

壁 + 畵 ➡ 壁畵
벽 벽   그림 화   벽에 그린 그림!
벽화!

畵 마법과 함께 사용하면 방어 마법이 아닌 예술 마법으로 바뀌게 된다.

비밀

자신의 키의 2배면, 키가 크면 클수록 벽의 높이도 커지겠죠?

壁 마법은 사용자 키의 2배 정도 높이까지가 적당하다. 만일 더 높이 쌓게 되면 벽이 넘어질 수도 있어 오히려 위험하다.

앉을 자리! 자리 석 席

6급 소환마법

기본기

앉을 수 있는 자리인 방석을 불러 낸다.

席
丶 亠 广 戶 庐
庐 庐 庐 庐 席

방석의 종류는 솜으로 만든 방석, 대나무 방석 등 여러 가지가 있는데, 원하는 걸 떠올려 보세요.

힘

머릿속으로 방석을 생각하면서 정신력과 한자마력을 합해 불러 내면 방석이 나타나게 된다.

앉을 자리! 자리 석 席!

◐ 켄터킹이 샤오를 공격하기 위해 방석을 만들어 내고 있다.

合席 마법을 쓸 땐 큰 방석이 나오지 않으면 불편하겠는걸.

활용

合 + 席 ➡ 合席
합할 합　자리 석　함께 앉아! 합석!

合 마법과 함께 사용하면 다른 사람과 한자리에 같이 앉게 하는 合席 마법이 된다.

비밀

예의 바른 어린이가 되는 방법이에요. 이 한자마법을 기억해 두세요.

주로 어른들이 자리에 앉으실 때 사용하면 칭찬을 받을 수 있다. 하지만 사람 수보다 방석이 모자라면 오히려 사람들이 기분 나빠할 수 있으니 조심한다.

 쇠 나와라! 쇠 철

5급 소환마법

기본기

쇠로 만들어진 모루를 불러 내는 마법이다.

우아~, 정신력이 약하면 사용하는 것을 포기하세요! 너무 무겁잖아요.

힘

정신력과 한자마력을 합한 에너지로 다른 곳에 있는 쇠모루를 끌어 온다. 이 때 정신력이 약한 경우 그 무거운 쇠모루를 직접 들어서 옮기는 것과 맞먹는 체력이 든다.

➡ 켄터킹이 끼로로를 공격하기 위해 쇠모루를 불러 내고 있다.

쇠 나와라! 쇠 철 鐵!

기찻길은 2개의 선으로 만들어져 있어서 선로 線路라고도 부른답니다.

활용

鐵 + 道 ➡ 鐵道
쇠 철   길 도   기찻길! 철도!

道 마법과 함께 사용하면 기차가 다니는 길이 튼튼한 쇠로 만들어진다.

한자마법은 때와 장소를 가려서 사용해야 해요.

비밀

鐵 마법을 사용하기 전에는 항상 바닥을 확인해야만 한다. 마룻바닥 같은 곳에서 사용할 경우 모루의 무게 때문에 바닥에 커다란 구멍이 나서 주인에게 크게 혼날 수도 있다.

강철의 주먹! 주먹 권 拳

기본기

에너지 형태로 된 주먹을 불러 내서 상대방을 공격하는 마법이다.

拳
丶 丷 丷 䒑 半
쓴 쓴 半 쓴 拳

힘

마치 로켓 주먹같이 생겼어요! 정말 멋있어요!

정신력과 한자마력이 합해진 에너지가 주위의 모든 힘을 끌어들여 그것을 주먹 형태로 만든다. 이렇게 만들어진 에너지 주먹은 엄청난 파괴력을 가진다.

아~, 자신의 체력과 정신력 이외에 주위의 모든 힘까지 포함하니까 강한 거구나!

3급 소환마법

강철의 주먹! 주먹 권 拳!

◎ 호킹이 에너지로 된 주먹을 멋지게 날리고 있다.

활용

지하 미궁에서 삼장이 해골 병사끼리 서로 싸우게 만들었던 마법이잖아요? 기억나요?

拳 + 鬪 → 拳鬪
주먹 권 싸움 투 주먹으로 싸우는 경기! 권투!

鬪 마법과 함께 쓰이면 운동 경기 중 하나인 권투를 가리키는 拳鬪 마법이 된다.

비밀

그러면 얼마나 주먹이 아플까요? 그러니 조심해서 사용하세요.

拳 마법으로 만든 에너지 주먹이, 아주 단단해서 도저히 부서지지 않는 사물에 부딪히게 되면 마법 사용자의 주먹에 그 모든 충격이 고스란히 전해진다.

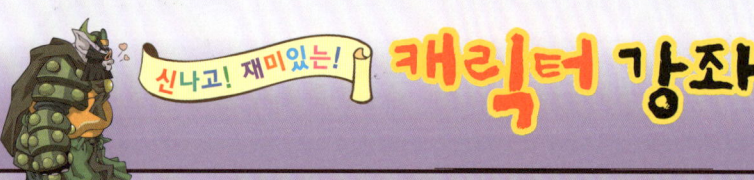

 돈돈의 할아버지, 저팔계 씨네요~. 방위마법이라니 정말 재밌겠는걸요.

 맞아요! 저도 그게 정말 궁금했는데 할아버지가 설명해 주신다니 신나는데요.

 그래서 동서남북 마법을 방위마법이라고도 부른답니다.

 東 마법은 해가 뜨는 동쪽이라 태양의 기운을 가지고 있다고 해요.

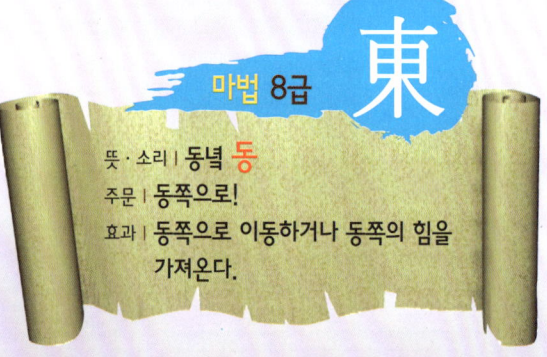
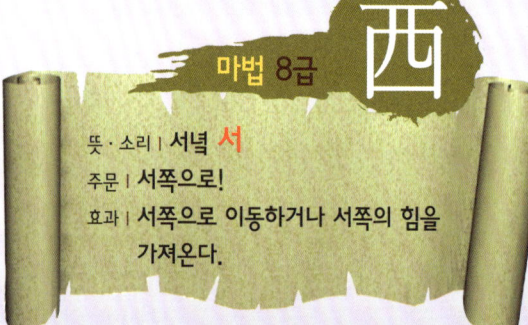

저팔계의 **방위마법** 특강

반대로 해가 지는 쪽은 西 마법인데 저녁이 되면 새도 둥지로 돌아가기 때문에

새가 둥지 위에 앉은 모습을 그렸지.

 東 마법과 반대로 西 마법은 어둠을 불러 오는 힘이 있어요.

남쪽은 따뜻한 곳이 많아 싹이 나거나 양 같은 동물들이 잘 자라나지.

그래서 한자 모양도 그렇게 나타냈지.

 南 마법은 따뜻한 대지의 힘을 가지고 있다고 해요. 그래서 식물이나 동물이 잘 자라죠.

북쪽은 남쪽의 반대 방향이란 뜻으로 사람이 서로 등을 댄 모습을 본떠서 그렸단다.

 北 마법은 차가운 바람의 기운이 담겨 있고 달아난다는 뜻도 있어요.

이 4가지 마법을 마법천자패와 함께 사용하면 자연의 모든 힘을 끌어 올 수 있는 능력이 나온단다. 대단하지?

 방위마법은 각 방향으로 이동하는 능력도 있지만 천자패와 함께 쓰면 자연의 모든 힘을 가져 올 수 있는 거대한 마법이 되기도 해요.

마법 8급 南

- 뜻·소리 | 남녘 남
- 주문 | 남쪽으로!
- 효과 | 남쪽으로 이동하거나 남쪽의 힘을 가져온다.

마법 8급 北

- 뜻·소리 | 북녘 북
- 주문 | 북쪽으로!
- 효과 | 북쪽으로 이동하거나 북쪽의 힘을 가져온다.

피융 하고 날아라! 날 비

4급 이동마법

기본기

자기 자신이나 어떤 사물을 빠른 속도로 날아가게 만드는 마법이다.

힘

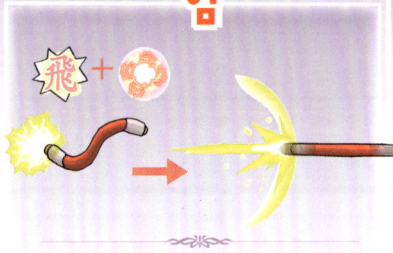

로켓이 발사되는 것과 같은 원리라고 생각하면 됩니다.

한자마력과 정신력이 합해지면 사물의 뒷부분에 거대한 힘이 만들어진다. 그 힘이 사물을 빠른 속도로 쏘아 올려 날아가게 만든다.

▶ 여의필이 흑심마왕을 피해서 하늘로 도망가고 있다.

날 비 飛!

飛 마법은 여러 가지 마법과 함께 다양한 단어마법으로도 사용됩니다.

활용

飛 + 行 ➡ 飛行

날 비   다닐 행   더 멀리 날아라! 비행!

더 멀리 날아가게 하는 단어마법

飛 + 上 ➡ 飛上

날 비   위 상   더 높이 날아라! 비상!

더 높이 올라가게 하는 단어마법

여의필처럼 가벼운 물건은 날개가 없어도 슝~ 하고 쉽게 날 수 있답니다.

비밀

飛 날 비   翼 날개 익

飛 마법과 翼 마법은 하늘을 날 수 있는 마법들이다. 飛 마법은 사물을 날게 할 때 주로 사용하고 翼 마법은 사람이나 동물이 하늘을 날 때 주로 사용한다.

36계 줄행랑! 달아날 도 逃

4급
이동마법

기본기

자신이 있는 상황에서 빨리 다른 곳으로 도망치고 싶을 때 사용할 수 있다.

逃
丿 丿 丿 兆 兆
兆 兆 逃 逃 逃

힘

이 마법 하나면 어떤 순간에서도 다 도망칠 수 있다고요!

한자마력에 정신력이 더해지면 마법의 힘이 나타나 온몸을 감싼다. 그 힘은 몸을 가볍게 만들어 원하는 곳까지 빨리 데리고 간다.

36계 줄행랑! 달아날 도 逃!

○ 흥분한 저팔계가 공격해 오자 돈킹이 재빨리 도망치고 있다.

走 마법은 힘차게 달릴 수 있는 마법이잖아요! 달리기 시합인 경주 競走 마법으로도 쓰이죠.

활용

逃 + 走 → 逃走
달아날 달릴 더 빨리 도망쳐!
도   주   도주!

走 마법과 함께 사용하면 달리는 힘이 더해져 훨씬 빨리 도망갈 수 있다.

피신마법도 종류가 여러 가지! 많이 알아 둘수록 급할 때 사용하기 좋아요~.

비밀

逃   避   逋
달아날 도 피할 피 달아날 포

3대 피신마법
逃 : 다른 곳으로 이동
避 : 위험한 물건을 피함
逋 : 상대방의 손에서 다른 곳으로 이동

옮겨라! 옮길 이

4급 이동마법

기본기
사물을 공중에 떠오르게 해서 손대지 않고 가까운 거리를 **이동**시킬 수 있다.

힘
사물이 무거울수록 공중으로 띄우기가 어려워서 에너지가 많이 필요해요.

사물의 아래에 거대한 에너지 구름을 만들어서 떠오르게 한 다음 원하는 곳까지 가져간다.

옮겨라! 옮길 이 移! 움직인다!

● 천도복숭아가 들어 있는 상자를 샤오가 마법으로 옮기고 있다.

무거운 물건은 이 단어마법으로 옮기면 되겠네요. 그래서 집을 옮길 때 **이사 移徙 마법**을 사용하나 봐요.

활용

移 + 徙 → 移徙
옮길 이 　 옮길 사 　 멀리까지 옮겨라! 이사!

유사 마법인 徙 마법과 함께 사용하면 멀리까지 물체를 옮길 수 있는 강력한 단어마법이 된다.

비밀

사람과 동물을 공중에 띄우는 건 위험하잖아요! 그래서 사용할 수 없나 봐요.

移 마법은 사람이나 동물은 옮길 수 없기 때문에 괜히 사용했다가 창피당하지 않도록 조심한다.

나아가라! 나아갈 진 進

4급 이동마법

기본기

자신이 앞으로 움직이고 싶거나 사물을 앞으로 움직일 때 사용한다.

힘

이랴이랴! 빨리 움직이도록 힘차게 몰아 봐요!

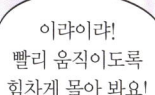

한자마력과 정신력으로 만들어진 에너지가 말처럼 변한다. 에너지 말이 사람이나 사물을 앞으로 끌어당겨서 움직이게 만든다.

나아가라! 나아갈 진 進!

와!

○ 토생원이 손오공 일행을 실은 수레를 앞으로 나아가게 한다.

擊 마법은 상대방을 한방에 쓰러뜨릴 수 있는 무시무시한 마법이에요. 격파 擊破, 반격 反擊 마법에도 쓰이죠.

활용

進 + 擊 → 進擊
나아갈 진 / 칠 격 / 나아가 단번에 끝내라! 진격!

멀리 있는 적에게 순식간에 다가가 한 번에 쳐서 물리칠 수 있다.

비밀

부지런히 공부해서 마법 실력을 닦아야 이런 일이 안 생긴답니다!

마법에 생겨난 에너지 말은 사용자를 잘 따르는 편이지만 마법 실력이 부족할 경우 간혹 따르지 않고 자기 멋대로 행동하기도 한다.

부릉부릉! 수레 차

7급 이동마법

기본기

수레를 만들어 내는 소환마법의 능력과 편하게 이동하는 이동마법 능력을 동시에 가지고 있다.

힘

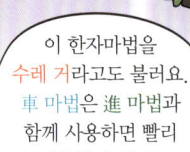
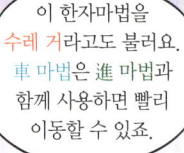

이 한자마법을 수레 거라고도 불러요. 車 마법은 進 마법과 함께 사용하면 빨리 이동할 수 있죠.

머릿속에 수레를 상상하면서 정신력으로 수레를 불러 와서 편하게 이동하거나 짐을 나른다.

➡ 토생원이 손오공 일행을 태우기 위해 수레를 불러 내고 있다.

부릉부릉! 수레 차 車!

활용

반대말은 상차 上車 마법이 아니라 승차 乘車 마법이라는 걸 명심해요.

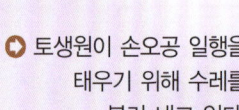

下 + 車 ➡ 下車
아래 하 수레 차 차에서 내려! 하차!

下 마법과 함께 사용하면 차에서 내리는 이동마법으로 사용된다.

비밀

운전면허증도 마법으로 만들면 안 될까요? 후후!

한자마법은 시대에 따라 변한다. 따라서 요즘 車 마법을 사용하면 자동차가 나오게 되는데, 운전면허증이 없는 어린이들에게는 쓸모가 없다.

틈아, 생겨라! 사이 간 間

7급 이동마법

丨 冂 冂 門 門 門 門 門 門 問 問 間 間

間 — 마법으로 막힌 장벽을 지나갈 수 있는 틈을 만드는 마법으로서, 마법 능력이 강한 상대는 통과하지 못하기도 한다.

間 마법의 활용

間 + 食 → 間食
사이 간 밥 식   맛있는 간식 나와라! 간식!

食 마법과 함께 쓰면 식사 시간 사이에 먹을 만한 간단한 음식을 만들어 내는 間食 마법이 된다.

 # 여기로 와라! 올 래

7급 이동마법

기본기

원하는 상대방을 자신이 있는 장소로 불러 올 수 있다.

來
一 ㄱ ㄱ ㄱ
ㄱ 來 來 來

힘

누군가가 급하게 보고 싶을 때 사용하면 정말 좋겠는데요! 하지만 상대방은 좀 당황할 것 같아요.

사용자의 **정신력**을 **한자마력**으로 상대방에게 보내고 그 힘으로 상대방을 끌어 온다.

여기로 와라! 올 래 來!

▶ 샤오가 이랑을 마법으로 불러들이고 있다.

미래로 갈 수 있다면 아마 세상에 큰 혼란이 생겨날 거예요. 그래서 하늘나라에서 사용할 수 없게 금지시켰죠.

활용

아닐 미　올 래　아직 오지 않은 시간으로! **미래!**

未 마법과 함께 사용하면 아직 오지 않은 시간인 미래로 갈 수 있는 시간마법이 된다. 그러나 미래로 가는 시간마법은 일반 사람들이 사용할 수 없게 금지되어 있다.

상대 마법을 함께 외워야 사용하기 편리해요.

비밀

來 마법으로 상대방을 불렀다가 되돌려보내고 싶을 때는 갈 왕 往 마법을 사용한다. 往 마법을 모르면 계속 함께 있든지 상대방이 힘들게 걸어서 돌아가야 한다.

거기로 가라! 갈 왕 往

4급 이동마법

기본기

상대방을 왔던 곳으로 되돌려보낼 때 사용한다. 상대방은 아무런 노력 없이도 되돌아간다.

힘

來 마법으로 상대방을 불렀다가 돌려보낼 때 이 마법을 사용합니다.

한자마력과 정신력이 합해져 만들어진 에너지가 상대방을 보내고자 하는 곳까지 마법진으로 연결해 바로 이동시키는 마법이다.

거기로 가라! 갈 왕 往!

▶ 샤오가 이랑을 하늘나라로 보내고 있다.

이 '왕년' 이란 단어는 할아버지들께서 자주 "내가 왕년에 말이야~" 라고 과거 이야기 할 때 많이 쓰시죠.

활용

갈 왕   해 년   지나간 과거! 왕년!

往 마법에 1년 단위의 시간을 뜻하는 年 마법을 합치게 되면 지나간 과거로 시간 여행을 떠날 수 있는 往年 마법이 만들어진다.

往 마법은 상대방에게 어디로 되돌아가야 하는지 잘 물어 보고 사용하세요.

비밀

往 마법을 사용할 때 '거기'를 정확하게 떠올리지 않으면 전혀 엉뚱한 곳으로 상대를 보내 버릴 수도 있다.

# 보내라! 보낼 송

4급 이동마법

기본기

멀리 떨어져 있는 사람에게 물건이나 편지를 보낼 때 사용한다. 아무리 멀리 있어도 문제 없이 보낼 수 있다.

힘

마법을 쓰는 동안 원하는 장소를 정확하게 떠올려야 해요!

정신력을 이용해 한자마력이 그 물건을 싣고 원하는 장소까지 화살처럼 날아가 상대방에게 전달해 준다.

보내라! 보낼 송 送!

○ 보리도사가 옆 섬에 있는 콩도사에게 편지를 보내고 있다.

활용

황금이나 돈은 중간에 도둑맞으면 안 되잖아요! 그러니 꼭 단어마법으로 보낸답니다.

送 + 金 → 送金
보낼 송 황금 금 황금을 보내라! 송금!

황금을 보내거나 돈을 보낼 때는 특별히 단어마법을 써야 분실할 위험이 없다.

비밀

상대방에게 무엇을 보낼 수 있는 마법은 이렇게 많네요. 모두 함께 외워 두세요.

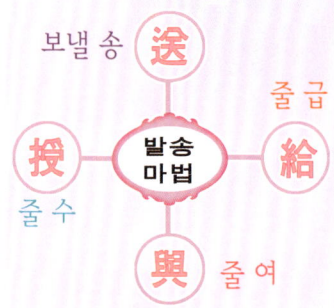

상대방에게 물건이나 능력을 전해 줄 때 사용하는 유사 마법이다.

받아라! 받을 수 受

4급 이동마법

기본기

送 마법으로 멀리서 날아오는 물건이나 편지를 안전하게 받을 때 쓰는 마법이다.

힘

야~, 야구 할 때 이 마법으로 공을 받으면 편리하겠는걸요.

한자마력과 정신력이 합해진 힘이 날아오는 물건을 끌어당겨서 안전하게 손 안에 들어오도록 만든다.

➡ 보리도사가 콩도사가 보낸 편지를 마법으로 받고 있다.

받아라! 받을 수 受!

納 마법은 물건을 안으로 넣는 들 입 入 마법과 비슷한 능력을 가지고 있어요.

활용

受 + 納 ➡ 受納
받을 수 들일 납 받아서 넣어라! 수납!

納 마법과 함께 사용해서 받자마자 비밀 창고에 넣어 보관할 수 있는 단어마법이 된다. 다른 사람이 보면 안 되는 중요한 물건을 받을 때 사용한다.

비밀

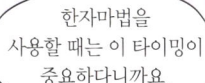

한자마법을 사용할 때는 이 타이밍이 중요하다니까요.

受 마법을 사용할 때 가장 중요한 것은 사용하는 시간이다. 물건이 보이는 순간 마법을 바로 사용해야 잘 받을 수 있다.

비워라! 빌 공

7급 이동마법

기본기

자신이 있는 공간을 아무것도 없는 깨끗한 공간으로 만들어 다른 공간과의 연결을 쉽게 만든다.

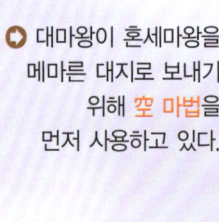

힘

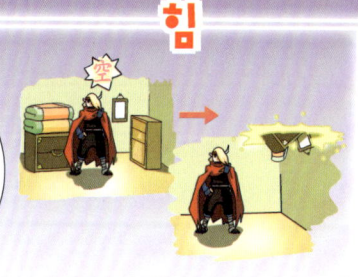

그럼 그 많은 물건은 어디로 사라지는 거지? 내 소중한 물건이 사라지는 건 싫어요.

마법에 의해 생겨난 힘이 거대한 에너지 소용돌이를 만들어 주변 사물을 삼켜서 깨끗하게 만든다.

비워라! 빌공 空!

➡ 대마왕이 혼세마왕을 메마른 대지로 보내기 위해 空 마법을 먼저 사용하고 있다.

4개의 한자가 합해져 엄청난 단어마법이 되네요.

활용

空 + 間 + 移 + 動
빌 공   사이 간   옮길 이   움직일 동

➡ 空間移動
다른 곳으로! 공간이동!

어떤 공간이든 순식간에 이동할 수 있는 **최상위 마법**으로, 엄청난 에너지가 필요해서 아무나 사용할 수 없다.

비밀

어딘지도 모르는 그 곳에 가고 싶지 않다면 꼭 일정한 거리를 두고 사용해요!

마법을 사용할 때 비우고 싶은 공간과 일정한 거리를 둬야 한다. 마법으로 거대한 에너지 소용돌이가 생겨나기 때문에 잘못하면 자신도 빨려들어 갈 수 있다.

방향을 알려 줘! 방향 방

7급 탐색마법

丶 一 亅 方 方 — 지도를 보고 길을 찾아갈 때 어떤 방향으로 가야 할지 알려 주는 마법이다.

方 마법의 활용

方(방향 방) + 向(향할 향) → 方向 — 확실한 길을 알려 줘! 방향!

원하는 곳을 찾아갈 수 있게 확실한 위치와 더불어 가는 길까지 알려 주는 마법이다.

나와라, 망원경! 멀 원

6급 탐색마법

기본기
멀리 있는 물건이나 사람을 눈앞에 있는 것처럼 가까이 보고 싶을 때 사용한다.

힘

긴 망원경이 멀리 있는 물체도 잘 보이게 해 주는 거군요!

한자마력과 정신력이 결합해 만들어진 에너지가 망원경을 길게 만든다. 그 망원경을 통해 보면 멀리 있는 물건이 아주 가깝게 보인다.

● 옥동자가 섬의 꼭대기에 있는 메롱열매를 망원경으로 보고 있다.

멀리까지 순식간에 이동할 수 있다니 정말 편한걸요.

활용
遠 + 距 + 離
멀 원 떨어질 거 떠날 리
➡ 遠距離
멀리 가거라! 원거리!

遠 마법은 멀리 있는 것을 볼 수 있는 마법이지만 다른 한자와 결합해서 멀리 있는 곳까지 갈 수 있는 이동마법이 되기도 한다.

다른 사람이 볼 수 없는 것들도 알게 되면 똑똑하다는 평가를 받겠죠!

비밀

遠 멀 원   近 가까울 근

멀리 볼 수 있는 마법인 遠 마법과 상대마법인 가까운 곳을 볼 수 있는 近 마법은 함께 외워 두는 게 편리하다. 필요할 때마다 잘 사용하면 다른 사람이 못 보는 것들도 많이 볼 수 있다.

나와라, 돋보기! 가까울 근 近

6급 탐색마법

기본기

너무 작아 눈에 보이지 않는 사물을 자세히 볼 때 사용하는 마법이다.

힘

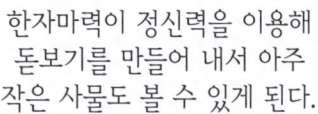

한자마법을 쓸 수 없는 많은 사람은 돋보기나 현미경을 직접 구해서 사용하기도 하죠.

한자마력이 정신력을 이용해 돋보기를 만들어 내서 아주 작은 사물도 볼 수 있게 된다.

나와라, 돋보기! 가까울 근 近!

○ 마법을 사용하자 작은 메롱열매 안의 씨가 보인다.

와~, 이 마법을 사용할 수 있으면 자동차나 버스를 타고 다닐 필요가 없겠네요!

활용

近 + 郊 ➡ 近郊

가까울 근　성밖 교　도시에 가까운 지역으로 이동!

근교!

작은 사물을 관찰할 때 쓰기도 하지만 郊 마법과 함께 사용해 도시 가까운 지역으로 이동하는 이동마법으로도 사용한다.

호호호! 직접 확인해 보고 싶으면 할아버지, 할머니의 돋보기 안경을 써 보세요. 무지무지 어지러울 거예요.

비밀

近 마법을 두 번 연속해서 사용하면 돋보기 안경이 만들어진다. 하지만 노인이 아닌 눈이 좋은 젊은 사람이 사용할 경우 어지럽기만 할 뿐, 효과를 느낄 수 없다.

 살펴보자! **살필 찰**

4급 탐색마법

기본기

알 수 없는 사물의 내부나 숨겨진 비밀을 자세히 알아볼 때 사용한다.

궁금한 물건이 무엇인지 알아 낼 때 사용하면 딱이네요!

힘

한자마력과 정신력이 합해져 생겨난 에너지가 사물 깊이 스며들어 사물의 내부 구조나 숨겨진 비밀을 찾아 내서 알려 준다.

➡ 보리도사가 마법천자패가 어떤 물건인지 알아보고 있다.

觀 마법은 자세히 볼 수 있는 능력을 가졌죠. 관람 觀覽, 관광 觀光 등에 사용된답니다.

활용

觀 + 察 ➡ 觀察

볼 관　살필 찰　더 자세히 살펴 보자! 관찰!

유사 마법인 觀 마법과 함께 사용하면 사물을 더 깊숙이 알아볼 수 있는 상위 단어마법이 된다.

우아~, 종류가 여러 가지라 정말 헷갈리네요! 잘 익혀서 필요할 때마다 사용하세요!

비밀

- 살필 **찰 察** ≒ 살필 **성 省**
  사물의 비밀을 알아 낼 때
- 조사할 **검 檢** ≒ 조사할 **사 査**
  사람의 생각을 알아 낼 때
- 찾을 **탐 探** ≒ 찾을 **색 索**
  필요한 물건을 찾아 낼 때

이름을 지어 줘! 이름 명 名

기본기

상대방이 이름이 없을 때 상대방에게 어울리는 이름을 마법으로 찾아 낸다.

마법이 찾아 준 이름이 그 사람과 제일 잘 어울리는 것 같아요.

힘

한자마력이 사용자의 정신력을 이용해 상대방에게 전달된다. 그 힘이 상대방을 관찰한 다음 가장 어울리는 이름을 골라서 마법 이름표를 달아 알려 준다.

7급 탐색마법

→ 보리도사가 마법으로 끼로로의 이름을 찾아 내고 있다.

이름을 지어 주는 곳을 작명소라고 부르잖아요!

활용

지을 작   이름 명   꼭 이름을 지어 줘! 作名!

가끔 상대방이 알 수 없는 인물일 때는 名 마법으로도 이름을 찾아 낼 수 없다. 그럴 때 상위 단어마법인 作名 마법을 사용하면 거의 대부분 이름을 지을 수 있다.

이름이 알려진다는 걸 유명 有名이라고 하고 유명한 그림을 명화 名畫, 유명한 노래를 명곡 名曲이라고 쓰죠. 그 때의 名 마법은 유명하게 만드는 능력을 사용하는 거랍니다.

비밀

名 마법은 이름을 지어 내는 능력도 있지만 그 이름을 널리 알리는 능력도 있다.

서로를 이어 줘! 통할 통

6급 탐색마법

기본기

상대방과 마음으로 연결해 서로 이야기를 나눌 수 있다.

마음으로 이야기를 나누다니 정말 멋져요.

힘

마법 에너지가 사용자의 머리에서 광선을 내뿜어 상대방의 머리에 연결한다. 연결된 에너지에 의해 마음 속으로 서로 대화할 수 있게 된다.

▶ 삼장이 전설의 마수로 변한 끼로로와 마음으로 대화하고 있다.

交 마법은 물건이나 사람 사이를 연결해 주는 마법이에요. 감정을 연결해 주는 교감 交感 마법으로 쓰인답니다.

활용

交 + 通 ➡ 交通
사귈 교 통할 통 서로 오가라! 교통!

막힘 없이 오갈 수 있게 해 준다.

通 + 話 ➡ 通話
통할 통 말씀 화 서로 대화해! 통화!

길게 대화하게 연결해 준다.

비밀

마음이 서로 비슷해야 연결되겠죠!

通 마법은 마음이 연결되어서 이야기를 나누는 마법이지만 서로 정신력의 성향이 다르면 연결되지 않는다. 정신력이 선한 사람과 정신력이 악한 사람은 마법을 사용해도 연결되지 않는다.

기록해 줘! 기록할 기 記

7급 탐색마법

한자마법을 돌이나 나무판 등에 기록할 수 있는 마법으로, 마법 효과를 오래 지속시키고 싶을 때 사용한다.

記 마법의 활용

記 + 錄 → 記錄
기록할 기 기록할 록 많이 적어라! 기록!

여러 개의 한자마법을 함께 적고 싶을 때 사용할 수 있는 상위 단어마법이지만 한자마법 한 개씩 적을 때마다 정신력이 크게 소모되기 때문에 아무나 사용하기 힘든 상위 마법이다.

狀 상황을 보여 줘! 형상 상

4급 탐색마법

기본기

일정한 시간에 일어난 상황을 잠깐 동안 다른 사람에게 보여 주거나 형상을 만든다.

狀
丨 丬 爿 爿
爿 爿 狀 狀

우아~, 장면이 생생하게 밖으로 보인다니 신기하네요!

힘

狀 마법은 머릿속에 정신을 집중시켜 어떤 한 상황을 떠올리면 狀 마법의 한자마력이 머리 밖으로 그대로 꺼내 놓는다.

▶ 서생원이 메마른 대지에 있는 토생원을 호킹에게 보여 주고 있다.

활용

다른 한자와 결합해서 더 강한 단어마법이 되었네요.

狀 + 態 ➜ 狀態
형상 상 모양 태 상태를 보여 줘! 상태!

일어나는 사건과 사람들의 감정도 함께 보여 준다.

狀 + 況 ➜ 狀況
형상 상 상황 황 일이 되어 가는 것을 보여 줘! 상황!

어떤 사건이 일어나는 상황을 계속해서 보여 준다.

비밀

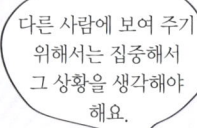

다른 사람에게 보여 주기 위해서는 집중해서 그 상황을 생각해야 해요.

狀 마법은 집중력이 가장 필요한 마법이다. 집중하지 않으면 여러 장면이 한꺼번에 머릿속에 생겨나 특별히 한 장면을 밖으로 꺼낼 수가 없다.

그림으로 보여 줘! 그림 화 畫

6급 탐색마법

기본기

사용자가 설명하고 싶은 내용을 상대방이 이해하기 쉽도록 그 때의 상황과 대화를 그림처럼 보여 줄 수 있다.

와~, 그림처럼 보인다니 정말 재미있겠는걸요!

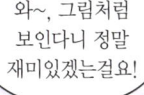

힘

사용자가 한자마력을 머릿속으로 넣어 정신력과 합해서 머릿속에 있는 사건의 기억을 밖으로 꺼낸다. 그림으로 상황과 대화까지 다른 사람에게 보여 준다.

● 토생원이 손오공 일행을 이해시키기 위해 그림으로 보여 주고 있다.

漫 마법은 이야기 등을 재미있게 만들어 여러 곳으로 전파시키는 능력을 가지고 있어요. 재미있는 얘기인 만담 漫談 마법 등에 쓰여요.

활용

漫 + 畫 → 漫畫
흩어질 만 그림 화 재미있는 그림을 보여 줘! 만화!

여기저기 퍼져 나갈 만큼 재미있는 그림을 보여 주는 신기한 상위 단어마법이다.

비밀

선을 긋는 능력은 획순 畫順, 획일 畫一 등에 들어가 있답니다.

畫 마법은 그림을 나타내는 능력과 함께 선을 긋는 능력도 있다. 선을 긋는 능력을 사용하고 싶을 때는 뜻은 '가를', 음은 '획'으로 말해야 한다.

뽑아 줘! 뽑을 선

5급 탐색 마법

기본기

많은 물건 가운데 자신에게 필요한 것만 **뽑아** 낼 수 있다.

힘

많은 책 중에 필요한 것만 찾을 수 있다니 정말 편리한 마법이에요.

정신을 집중시켜 필요한 책을 떠올리면 한자마력과 정신력이 합해진 에너지가 그 책들만 빼서 자신의 앞에 놓아 둔다.

➡ 삼장이 마법에 관련된 책들만 골라 내고 있다.

학교에서 반장을 뽑을 때 반장 선거를 하잖아요! 중요한 사람을 뽑을 때 사용하는 마법이에요.

활용

選 + 擧 ➡ 選擧
뽑을 선 들 거   중요한 사람을 뽑아 줘! 선거!

擧 마법과 함께 사용하면 여러 사람 중에서 중요한 일을 할 사람을 뽑아 내는 마법이 된다.

비밀

시험 공부를 할 때 필요한 책을 찾아 낼 수 있는 選 마법과 책 속에서 필요한 내용만 찾아 내는 數 마법을 사용하면 짧은 시간에 효과적으로 공부할 수 있다. 그러나 시험 문제를 잘못 예상하면 딴 공부를 하게 되니 주의한다.

수업을 잘 들어야 시험 문제에 뭐가 나올지 잘 알 수 있겠죠?

소리야, 들려라! 들을 청 聽

4급 탐색마법

기본기

멀리서 들리는 작은 소리도 들을 수 있는 마법으로, 마법력이 강하면 강할수록 더욱 멀리 있는 소리를 들을 수 있다.

힘

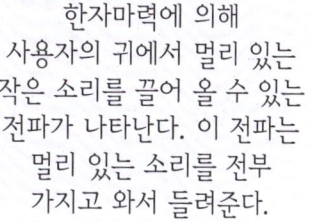

전파가 모든 소리를 끌어 오기 때문에 가끔 시끄러워 머리가 아플 때도 있어요.

한자마력에 의해 사용자의 귀에서 멀리 있는 작은 소리를 끌어 올 수 있는 전파가 나타난다. 이 전파는 멀리 있는 소리를 전부 가지고 와서 들려준다.

○ 토생원이 마법으로 멀리서 들려오는 소리를 듣고 있다.

傾聽 마법을 쓰면 머리 아플 일이 없겠네요.

활용

傾 + 聽 → 傾聽

기울일 경　들을 청　주의 깊게 들어라! 경청!

여러 가지 소리가 한꺼번에 들리는 聽 마법과 달리 傾 마법과 합해진 傾聽 마법은 자신이 듣고 싶은 소리만 주의 깊게 들을 수 있다.

비밀

耳　　聞　　聽
귀 이　들을 문　들을 청

모두 듣는 능력을 가진 한자예요.

耳 마법은 식물이 사람의 말을 알아듣도록 만들고, 聞 마법은 동물이 사람의 말을 알아듣도록 한다. 반면 聽 마법은 사람이 멀리 있는 소리를 듣고 싶을 때 사용한다.

신나고! 재미있는! 캐릭터 강좌

맞아요! 기장도사님이 천자패에 대해서 가장 많이 아실 거예요.

와~, 10개의 한자마법이 무엇인지 정말 궁금하네요. 빨리 얘기해 주세요.

3가지 한자마법이라도 배울 수 있으니 저는 무지무지 신나는걸요.

友 마법은 친구를 진심으로 사랑하고 아끼는 그런 우정의 힘을 가지고 있어요.

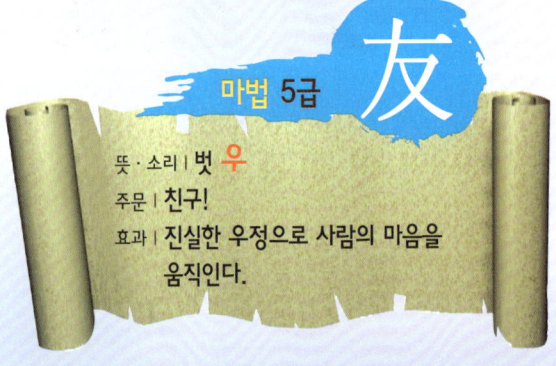

마법 5급 友

뜻·소리 | 벗 우
주문 | 친구!
효과 | 진실한 우정으로 사람의 마음을 움직인다.

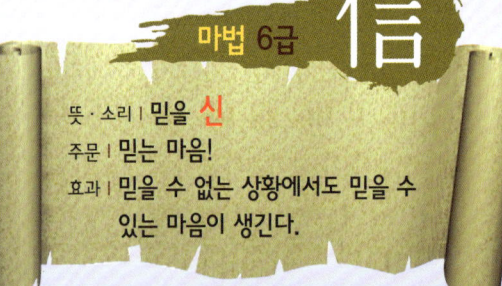

마법 6급 信

뜻·소리 | 믿을 신
주문 | 믿는 마음!
효과 | 믿을 수 없는 상황에서도 믿을 수 있는 마음이 생긴다.

기장도사의 **천자패** 속 한자마법

信 마법은 서로를 믿는 강한 마음에 반응하지. 사람들이 서로 말해야 믿음이 생기니까 人 마법과 言 마법이 합해서 글자가 만들어졌단다.

勇 마법은 두려운 상황에서도 도망가지 않고 맞서는 강한 마음이 담겨 있지. 항간에 용과 싸우는 용감한 기사로 인해 생겨났다고도 하더군.

 信 마법은 믿을 수 없는 상황에서도 서로를 배신하지 않는 강한 믿음의 힘을 가지고 있죠.

 도망가지 않고 용과 싸우다니 정말 용감한 기사였네요. 존경스러워요!

천자패 속 한자마법은 진실한 마음으로 나타나서 사람의 마음을 움직이는 능력이 있단다.

천자패의 모든 한자마법이 부활하면 그 옛날처럼 다시 평화롭게 살 수 있을 게다.

 사람의 진실한 마음처럼 강한 힘을 가진 건 없어요. 언제나 진실이 최고예요.

 빨리 그런 평화로운 세상이 왔으면 좋겠어요. 그럼 걱정 없이 신나게 놀 수 있잖아요!

마법 6급 勇

- 뜻·소리 | 용기 용
- 주문 | 두려움에 굴하지 않는 마음!
- 효과 | 아무리 두려운 상황에서도 맞서 싸울 수 있는 마음이 생긴다.

강좌 끝!

惡 나쁜 마음! 악할 악

5급 심리 마법

상대방에게 사악한 마음이 생겨나도록 만드는 마법이다. 정신력이 사악한 사람만이 사용할 수 있다.

惡: 一 ｢ ｢ 乛 亞 亞 亞 㪣 惡 惡 惡

惡 마법의 활용

惡 + 行 → 惡行
악할 악   다닐 행   사악한 행동을 해라! 악행!

행동하게 만드는 行 마법을 함께 쓰면 나쁜 마음이 생겨날 뿐 아니라 나쁜 행동까지 하게 한다.

마음을 비추는 거울! 거울 경 鏡

4급 심리마법

기본기

상대방의 마음 속에 담긴 기억을 꺼내서 볼 수 있는 마법이다.

鏡
ノ ⺧ ⺤ ⺕ 牟
余 余 金 金 釒
釒 釒 鉅 鉅 鋳
鋳 鋳 鏡 鏡

음…, 상대방의 마음을 알아 낼 수 있다니 신기하지만 상대방은 정말 싫을 것 같아요.

힘

한자마력은 사용자의 정신력을 이용해 상대방의 마음 속으로 들어간다. 그 힘이 마음 속에서 기억을 찾아 내고 반대편에 마법 거울을 만들어 보여 준다.

마음을 비추는 거울! 거울 경 鏡!

◉ 대마왕이 혼세마왕의 마음 속에 있는 생각을 알아 내고 있다.

활용

望 + 遠 + 鏡
바랄 망 멀 원 거울 경

➡ 望遠鏡

멀리까지 보인다! 망원경!

鏡 마법의 능력에 멀리 보고 싶은 마음을 담으면 망원경이 만들어진다.

반짝반짝 빛나는 황금이라니! 생각만 해도 좋은걸요.

비밀

鏡 마법은 金 마법에서 힘을 빌려 왔다. 金 마법은 겉면이 반짝반짝해서 모습이 잘 비치기 때문에 사물이나 마음을 비춰 보기 위해 그 힘을 가져왔다.

아플 때 먹는 약! 약 藥

6급 치유마법

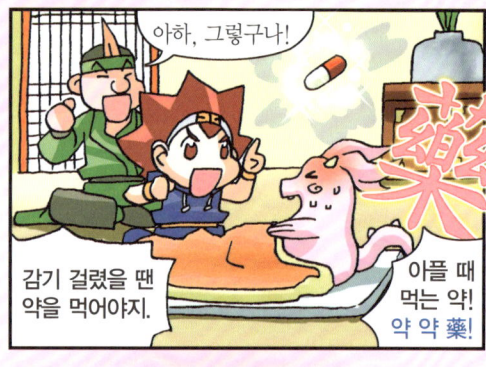

병을 낫게 하거나 조금 진정시킬 수 있는 약을 만들어 낸다. 이 약을 먹으면 효과가 있다.

藥 마법의 활용

製 + 藥 ➡ 製藥
지을 제   약 약   필요한 약을 지어 줘! 제약!

심하게 다친 사람을 낫게 하기 위해서 필요한 여러 가지 약을 한꺼번에 만들어 내는 단어마법.

藥 + 草 ➡ 藥草
약 약   풀 초   병을 낫는 약초 나와! 약초!

특정한 병을 낫게 해 주는 풀을 만들 때 사용한다.

아프냐? 진찰할 진 診

2급 치유마법

기본기

상대방이 어디가 아픈지 알아 낼 때 사용하는 마법으로 치유 능력을 가지고 있는 사람만 쓸 수 있다.

사람 목숨까지 구할 수 있는 치유 능력은 정말 대단한 능력이에요.

힘

한자마력이 정신력을 이용해서 마법 청진기를 만들어 낸다. 청진기를 상대방에 대면 마법력이 온몸에 퍼져서 아픈 곳을 찾아 낸다.

아픈 사람을 고칠 수 있는 단어마법도 여러 가지네요.

◐ 콩도사가 마법으로 삼장을 진찰하고 있다.

활용

診 + 察 ➡ 診察
진찰할 진 · 살필 찰 · 아픈 곳을 자세히 찾아 줘!
진찰! 병을 찾아 내는 마법

診 + 療 ➡ 診療
진찰할 진 · 병 고칠 료 · 병 고치는 방법도 알려 줘!
진료! 병을 찾아 치료 방법도 알아 낸다.

비밀

아픈 사람을 고치려면 열심히 공부해야죠!

診 마법은 아픈 곳을 찾아 특정한 신호로 알려 준다. 치유마법은 정신력이 선한 사람 중에서도 특별히 치유 능력자만 쓸 수 있는데 이 능력자들도 열심히 공부해야 신호를 알아 낼 수 있다.

靜 진정시켜라! 고요할 정

4급 치유마법

기본기

사악한 광기나 나쁜 기운에 홀린 사람까지 진정시킬 수 있는 강한 능력을 가진 치유마법이다.

심지어 마법천자문 조각에 홀린 사람들도 진정시킬 수 있답니다.

힘

한자마력과 선한 정신력이 합해지면서 깨끗한 힘이 생겨난다. 이 힘이 상대방의 몸 속에 퍼지면서 그 안에 있는 사악한 힘을 밖으로 밀어 내고 진정시킨다.

▶ 이랑이 마법천자문 조각에 홀린 사람을 진정시키고 있다.

진정시켜라! 고요할 정 靜!

寂 마법은 '고요하다, 쓸쓸하다' 란 뜻이 있어 적막 寂寞, 한적 閑寂에도 사용되죠.

활용

靜 + 寂 → 靜寂
고요할 정 고요할 적   조용히 진정시켜라! 정적!

사람의 마음을 고요하게 진정시키는 유사 마법을 더해 더 강력한 마법을 만들 수 있다. 그러나 사용자의 선한 정신력이 높아야 사용할 수 있는 단어마법이다.

그래서 靜 마법은 선한 정신력이 높은 사람이 아니면 사용하기 힘든 한자마법이죠.

비밀

靜 마법은 사용자의 정신력이 직접 사악한 힘과 만나 싸우게 된다. 이 때 사악한 힘이 자신보다 훨씬 강하면 오히려 사악한 힘이 자신의 정신력을 지배하게 된다.

8강전 첫 번째 경기

시작과 함께 호킹 선수가 기장도사의 약을 올리는군요. 아, 소문대로 거만합니다.

예, 가만히 있을 기장도사가 아니죠. 무서운 거인 巨人 마법을 사용합니다.

정말 계속되는 고수들의 놀라운 공방입니다. 대단하군요!

기장도사, 이번엔 뇌우 雷雨 마법입니다. 끝낼 생각인가 보군요. 위기의 호킹 선수, 이대로 끝나나요?

아니, 호킹 선수가 전기를 이용한 철권 鐵拳 마법으로 한 번에 역전을 합니다!

놀라운 반전입니다. 호킹 선수, 이번 대회의 다크호스로군요.

한자마법 관전 포인트

巨人 巨(클 거) 人(사람 인)
뜻·소리 : **거인!**
주문 거대하고 강한 몸!
효과 엄청난 힘을 가진 큰 거인이 된다.

拳 마법 3급
뜻·소리 : **주먹 권!**
주문 강철의 주먹!
효과 기로 만들어진 커다란 주먹으로 공격한다.

雷雨 雷(우레 뢰(뇌)) 雨(비 우)
뜻·소리 : **뇌우!**
주문 비바람과 벼락!
효과 검은 먹구름에서 비가 내리고 벼락이 친다.

鐵拳 鐵(쇠 철) 拳(주먹 권)
뜻·소리 : **철권!**
주문 무쇠 주먹!
효과 쇠로 된 강한 주먹으로 공격한다.

8강전 두 번째 경기

 켄터킹 선수, 입장하자마자 매서운 공격을 퍼붓습니다.

 알 란 卵 마법과 닭 계 鷄 마법으로 이어지는 연속마법입니다. 많은 닭들이 달려드네요.

 손오공 선수, 분신 分身 이라는 상위마법으로 반격합니다. 그러나 켄터킹 선수, 여유롭게 없앱니다.

 어, 실수인가요? 손오공 선수, 별안간 알 수 없는 물 수 水 마법을 사용합니다.

 앗! 손오공 선수, 얼 동 凍 마법을 쓰는군요! 그렇습니다! 물 수 水 마법과 얼 동 凍 마법은 연속마법이군요.

 손오공 선수, 누가 가르쳤는지는 모르겠지만 훌륭한 스승을 두었나 보군요. 어험험!

한자마법 관전 포인트

卵 마법 4급	鷄 마법 4급	分身 分(나눌 분) 身(몸 신)	消 마법 6급	水 마법 8급	凍 마법 3급
뜻·소리: 알 란!	뜻·소리: 닭 계!	뜻·소리: 분신!	뜻·소리: 사라질 소!	뜻·소리: 물 수!	뜻·소리: 얼 동!
주문 나와라, 알!	주문 꼬끼오!	주문 분신 나와라!	주문 사라져라!	주문 쏟아져라!	주문 얼어라!
효과 수많은 계란이 나온다.	효과 알 란 卵으로 만들어진 계란에서 닭들이 나온다.	효과 여러 개의 분신을 만들어 낸다.	효과 마법으로 만들어 낸 물체를 없앤다.	효과 물이 쏟아진다.	효과 원하는 사물을 꽁꽁 얼린다.

8강전 세 번째 경기  vs

8강전 중에 가장 기대되네요. 두 선수 다 막강하죠?

두 선수 다 말이 필요 없는 우승 후보죠. 앗, 말씀드리는 순간 저팔계 선수가 먼저 공격합니다.

혼세마왕 선수, 기둥을 이용해서 저팔계 선수를 가두려고 하는군요. 그런데 저걸로는 좀… 엉뚱해 보입니다.

상위 단어마법인 지진 地震 마법을 쓰다니! 저팔계 선수, 소문대로 역시 무섭습니다.

아니, 혼세 선수, 이 상황에서 웃고 있습니다. 정신이 나간 건 아닌가요?

아, 그 말로만 듣던 일격 一擊 마법 입니다! 언제 저런 전설의 마법까지 익혔나요?

혼세 선수, 우승 후보답게 정말 강하네요.

한자마법 관전 포인트

柱 마법 3급
뜻·소리: **기둥 주!**
주문 솟아라!
효과 땅에서 돌로 된 기둥들이 솟아오른다.

曲 마법 5급
뜻·소리: **굽을 곡!**
주문 휘어져라!
효과 원하는 물건을 휘게 만든다.

地震 地(땅 지) 震(우레 진)
뜻·소리: **지진!**
주문 천지를 흔들어라!
효과 넓은 범위의 땅에 지진을 일으킨다.

充 마법 5급
뜻·소리: **채울 충!**
주문 채워라!
효과 몸의 기를 채운다.

一擊 一(하나 일) 擊(칠 격)
뜻·소리: **일격!**
주문 강렬한 한 번의 공격!
효과 상대의 급소에 매우 강한 공격을 한다.

8강전 네 번째 경기

 이번에 처음 출전하는 샤오 선수와 돈킹 선수로군요. 기대가 되는데요?

 샤오 선수, **범 호 虎** 마법과 **묶을 속 束** 마법으로 돈킹 선수를 처음부터 몰아붙입니다.

 이런, 돈킹 선수, 호랑이가 공격하는데 묶여 있군요. 말 그대로 사면초가입니다.

 돈킹 선수, 간신히 **고기 육 肉** 마법으로 위기를 모면합니다만, 과연 방법이 있을까요?

 아니, 샤오 선수가 왜 저러죠? 경기 도중에 돈킹 선수가 준 음식들을 먹고만 있습니다.

 아, 돈킹 선수가 샤오 선수 등에 이미 **돼지 돈 豚** 마법을 걸어 놓았군요. 돈킹 선수, 잔머리 수법으로 마지막 4강 진출자가 됩니다.

한자 마법 관전 포인트

 虎 마법 3급
뜻·소리 : **범 호!**
주문 나와라, 호랑이!
효과 무서운 호랑이를 불러 낸다.

 束 마법 5급
뜻·소리 : **묶을 속!**
주문 묶어라!
효과 줄과 같은 것으로 상대를 묶는다.

 肉 마법 4급
뜻·소리 : **고기 육!**
주문 고기로 변해라!
효과 원하는 물건을 맛있는 고기로 만든다.

 食 마법 7급
뜻·소리 : **밥 식!**
주문 맛있는 밥!
효과 맛있는 밥과 음식을 불러 낸다.

 豚 마법 3급
뜻·소리 : **돼지 돈!**
주문 돼지로 변해라!
효과 상대를 계속 먹기만 하는 돼지로 만든다.

4강전 첫 번째 경기

전 대회 우승자 손오공 선수와 다크호스 호킹 선수의 대결입니다.

십이신마 최강의 전사라 불리는 호킹 선수, 시작부터 강하게 공격합니다.

강력한 단어마법인 만큼 손오공 선수, 힘겹게 막네요. 아, 바로 반격에 들어가나요?

여기에 물러설 호킹 선수가 아니죠. 두 선수, 힘겨루기에 들어갑니다. 아니?

두 선수, 폭발에 휩싸였습니다. 과연 누가 일어설까요? 일어서는 쪽이 결승전에 진출하게 됩니다.

예, 손오공 선수, 일어나는군요! 손오공 선수, 작년에 이어 또 결승에 진출하지만, 이번엔 피해가 큽니다.

한자 마법 관전 포인트

弓 마법 3급
- 뜻·소리: **활 궁!**
- 주문: 활 나와라!
- 효과: 활을 소환한다.

亂射
亂(어지러울 란(난)) 射(쏠 사)
- 뜻·소리: **난사!**
- 주문: 마구 쏘아라!
- 효과: 화살과 같은 것을 마구 쏜다.

守備
守(지킬 수) 備(갖출 비)
- 뜻·소리: **수비!**
- 주문: 단단히 지켜라!
- 효과: 여러 개의 방패로 단단히 막는다.

衝突
衝(찌를 충) 突(부딪칠 돌)
- 뜻·소리: **충돌!**
- 주문: 부딪쳐라!
- 효과: 자신이 원하는 물체를 상대방에게 부딪치도록 만든다.

前進
前(앞 전) 進(나아갈 진)
- 뜻·소리: **전진!!**
- 주문: 앞으로!
- 효과: 강한 힘에도 굴하지 않고 앞으로 달려든다.

4강전 두 번째 경기

 VS

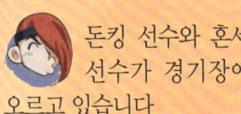
돈킹 선수와 혼세 선수가 경기장에 오르고 있습니다.

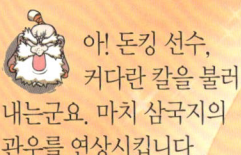
아! 돈킹 선수, 커다란 칼을 불러 내는군요. 마치 삼국지의 관우를 연상시킵니다.

하지만 혼세 선수, 가볍게 막네요. 말씀드리는 순간 돈킹 선수, 갑자기 높이 떠오릅니다!

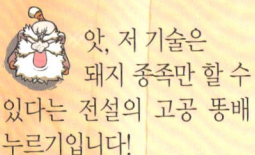
앗, 저 기술은 돼지 종족만 할 수 있다는 전설의 고공 똥배 누르기입니다!

포효하는 뱃살로 멋진 장면을 연출하는군요. 이번에도 혼세 선수, 뭔가를 준비하고 있습니다.

그렇습니다. 혼세 선수, 기대를 저버리지 않고 무서운 마법으로 단숨에 제압하는군요.

한자 마법 관전 포인트

大刀 大(큰 대) 刀(칼 도)
뜻·소리: **대도!**
주문: 무섭게 큰 칼!
효과: 커다랗고 무시무시한 칼을 불러 낸다.

腐 마법 3급
뜻·소리: **썩을 부!**
주문: 썩어서 없어져라!
효과: 원하는 것을 썩어서 부스러지게 만든다.

浮 마법 3급
뜻·소리: **뜰 부!**
주문: 떠올라라!
효과: 원하는 것을 공중에 뜨게 만든다.

肥 마법 3급
뜻·소리: **살찔 비!**
주문: 뚱뚱해져라!
효과: 자신이나 상대를 뚱뚱하게 만든다.

旋風 旋(돌 선) 風(바람 풍)
뜻·소리: **선풍!**
주문: 무서운 회오리바람!
효과: 강력한 회오리바람을 소환한다.

드디어 결승전

 vs

앗, 결승전에 4강 승리자인 손오공 선수가 아니라 호킹 선수가 나왔네요! 의외인데요?

선수 보호 차원에서 선수가 부상을 입으면, 그 선수와 싸웠던 선수가 다음 경기를 치르게 되어 있습니다.

손오공 선수가 부상이 심했나 봅니다. 처절한 경기였죠. 앗! 혼세 선수의 치료를 받은 호킹 선수 공격합니다.

혼세 선수, 간신히 방어합니다. 하지만 호킹 선수가 이미 뒤쪽에서 준비를 하고 있군요! 위험합니다!

아, 역시 혼세 선수! 강한 단어마법으로 호킹 선수의 도전을 단번에 제압합니다.

이번 대회 우승자는 혼세 선수입니다. 하지만 혼세 선수, 손오공 선수를 찾는군요.

한자 마법 관전 포인트

復 마법 4급
뜻·소리 : 회복할 복!
주문 회복해라!
효과 상대의 부상을 낫게 하고 체력을 회복시킨다.

根 마법 6급
뜻·소리 : 뿌리 근!
주문 나무 뿌리 올라와라!
효과 땅에서 나무 뿌리가 올라와 상대를 묶어 버린다.

鐵甲 鐵(쇠 철) 甲(갑옷 갑)
뜻·소리 : 철갑!
주문 무쇠 갑옷!
효과 자신의 가슴에 강력한 무쇠 갑옷을 불러 낸다.

枯 마법 3급
뜻·소리 : 마를 고!
주문 나무야, 말라 버려라!
효과 주위의 나무가 모두 말라 버린다.

監獄 監(볼 감) 獄(옥 옥)
뜻·소리 : 감옥!
주문 영원히 가둬 주마!
효과 절대 빠져 나갈 수 없는 감옥이 생긴다.

대회관 탐험 이벤트
이번 대회엔 누가 우승할까?

이벤트의 마지막 순서였던 대회관에서는 독자들의 뜨거운 관심이 이어졌습니다. 그 어느 때보다 쟁쟁한 후보들이 참가한 제 2회 한자마법고수대회의 우승 후보를 독자들이 직접 뽑고 궁금한 점을 물어 보았습니다. 우승 후보 1위로 뽑힌 손오공을 대회 직후 만나서 인터뷰했습니다.

투표 결과 **우승 후보**

1위 **손오공**
2위 **호킹**
3위 **혼세마왕**

68% (662명)   **10%** (99명)   **8%** (82명)

 많은 독자 분께서 우승 후보로 손오공 선수를 뽑으셨습니다. 그런데 아쉽게도 결승전에 나오지 않았는데 도대체 무슨 일이 있었나요?

 사실 저도 이렇게 되리라고는 생각하지 못했습니다. 모두들 호킹과의 결투가 치열했기 때문에 제가 큰 부상을 당했으리라 생각하시겠지만… 밝히기 창피하게도 그만 결승전이 열리기 직전에 배탈이 났지 뭡니까. 아무래도 쉬는 시간에 동자가 가져다 준 간식 때문인 것 같네요.

 아니, 그런 하찮은 이유로 이 많은 독자를 실망시키셨다니 믿을 수가 없네요. 절반이 넘는 독자들이 손오공 선수가 우승하기를 손꼽아 기다렸습니다. 독자 분들께 사과의 말씀이라도 해야 하지 않을까요?

 네, 정말 죄송하게 생각합니다. 사실 투표 결과를 나중에 봤는데 많은 독자 여러분을 실망시키게 되어 정말로 죄송했습니다. 그렇지만 너무 심한 배탈이었기 때문에 저도 어쩔 수가 없었습니다. 독자 여러분께서도 이해해 주셨으면 좋겠습니다.

 많은 독자들이 손오공 선수의 실력이 놀랍도록 성장하고 있다며 칭찬을 아끼지 않았습니다. 본인이 생각하기에 자신의 실력은 어떠한가요?

 네, 여러 도사님께 한자마법을 체계적으로 배우기 시작하면서 제 스스로도 놀랍도록 실력이 향상되고 있다고 생각합니다. 아직 몇 가지 더 훈련해야 할 것들이 있지만 이 속도라면 호킹이든 혼세마왕이든 대마왕이든 얼마든지 물리칠 수 있습니다! 두고 보십시오.

 자신만만하시군요. 이번 대회에 우승한 혼세마왕이 지난 대회에 손오공 선수에게 졌던 억울함을 풀지 못해 전혀 기뻐하지 않는다는데 손오공 선수는 어떠한가요? 또 마지막으로 다음 대회를 위한 각오 한마디 하신다면?

 저도 지난 대회에서 혼세마왕에게 이긴 것은 운이 좋았기 때문이라고 생각합니다. 그래서 꼭 다시 겨뤄서 누가 정말로 우승자인지 가리고 싶었는데 아쉽습니다. 혼세마왕이 제가 정말 강하다고 생각하는 호킹 선수와 겨루어 이기다니, 다음 대회를 위해 더 열심히 준비해야겠다는 각오를 다지게 됩니다.

한자마법 찾아보기

마법	종류한자	뜻	음	급수	쪽수

ㄱ

마법	한자	뜻	음	급수	쪽수
소환	家	집	가	7급	115
소환	干	방패	간	4급	119
이동	間	사이	간	7급	137
변화	甘	달	감	4급	66
소환	減	덜	감	4급	112
변화	監	볼	감	4급	169
소환	甲	갑옷	갑	4급	169
변화	改	고칠	개	5급	67
변화	巨	클	거	4급	163
소환	擊	칠	격	4급	165
심리	鏡	거울	경	4급	157
소환	鷄	닭	계	4급	125
변화	固	굳을	고	5급	90
변화	苦	쓸	고	6급	65
변화	枯	마를	고	3급	169
변화	曲	굽을	곡	5급	82
이동	空	빌	공	7급	142
소환	弓	활	궁	3급	113
소환	拳	주먹	권	3급	129
소환	根	뿌리	근	6급	123
탐색	近	가까울	근	6급	145
변화	筋	힘줄	근	4급	108
변화	給	줄	급	5급	68
변화	起	일어날	기	4급	95
소환	器	그릇	기	4급	110
탐색	記	기록할	기	7급	149

ㄴ

마법	한자	뜻	음	급수	쪽수
이동	南	남녘	남	8급	131
심리	怒	성낼	노	4급	86

ㄷ

마법	한자	뜻	음	급수	쪽수
변화	多	많을	다	6급	78
변화	淡	싱거울	담	3급	64
변화	大	큰	대	8급	168
소환	刀	칼	도	3급	118
이동	逃	달아날	도	4급	133
변화	豚	돼지	돈	3급	166
변화	突	부딪칠	돌	3급	167
이동	動	움직일	동	7급	108
이동	東	동녘	동	8급	130
변화	凍	얼	동	3급	163
변신	頭	머리	두	6급	59

ㄹ

마법	한자	뜻	음	급수	쪽수
심리	樂	즐길	락	6급	87
소환	卵	알	란	4급	124
이동	來	올	래	7급	138
변화	冷	찰	랭	5급	71
소환	雷	우레	뢰	3급	163
변화	立	설	립	7급	94
변화	亂	어지러울	란	–	167

ㅁ

마법	한자	뜻	음	급수	쪽수
소환	網	그물	망	2급	114
변화	眠	잘	면	3급	100
탐색	名	이름	명	7급	147
변화	舞	춤출	무	4급	101
변화	默	묵묵할	묵	3급	105
소환	米	쌀	미	6급	116

ㅂ

마법	한자	뜻	음	급수	쪽수
변화	反	돌이킬	반	6급	69
변화	放	놓을	방	6급	89
탐색	方	방향	방	7급	143
소환	壁	벽	벽	4급	126
변신	變	변할	변	5급	58
이동	步	걸음	보	4급	109
변화	復	회복할	복	4급	169
변신	本	근본	본	6급	62
변화	腐	썩을	부	3급	168
변화	浮	뜰	부	3급	168
이동	北	북녘	북	8급	131
변화	分	나눌	분	6급	164
이동	飛	날	비	4급	132
변화	備	갖출	비	4급	167
변화	肥	살찔	비	3급	168

ㅅ

마법	한자	뜻	음	급수	쪽수
변화	射	쏠	사	4급	80
변화	沙	모래	사	3급	107
변화	散	흩어질	산	4급	72
탐색	狀	형상	상	4급	150
이동	西	서녘	서	8급	130
소환	席	자리	석	6급	127
탐색	選	뽑을	선	5급	152
변화	旋	돌	선	3급	168

한자마법 찾아보기

소환	消	사라질	소	6급	164	변화	直	곧을	직	7급	83
변화	束	묶을	속	5급	81	이동	進	나아갈	진	4급	135
이동	送	보낼	송	4급	140	치유	診	진찰할	진	2급	159
변화	囚	가둘	수	3급	88	소환	震	우레	진	3급	165
이동	受	받을	수	4급	141	변화	集	모을	집	6급	73
소환	水	물	수	8급	164						
소환	守	지킬	수	4급	167				ㅊ		
소환	食	밥	식	7급	166						
변신	身	몸	신	6급	60	이동	車	수레	차	7급	136
변화	辛	매울	신	3급	65	변화	着	붙을	착	5급	85
진리	信	믿을	신	6급	154	탐색	察	살필	찰	4급	146
						변화	採	캘	채	4급	99
			ㅇ			소환	鐵	쇠	철	5급	128
						탐색	聽	들을	청	4급	153
심리	惡	악할	악	5급	156	변화	充	채울	충	5급	106
변화	暗	어두울	암	4급	70	소환	衝	찌를	충	3급	167
심리	哀	슬퍼할	애	3급	87						
치유	藥	약	약	6급	158				ㅋ		
소환	炎	불꽃	염	3급	121						
소환	獄	옥	옥	3급	169	변화	快	빠를	쾌	4급	104
변화	臥	누울	와	3급	92						
이동	往	갈	왕	4급	139				ㅌ		
진리	勇	용기	용	6급	155						
진리	友	벗	우	5급	154	소환	打	칠	타	5급	111
소환	雨	비	우	5급	163	변화	太	클	태	6급	79
이동	運	옮길	운	6급	108	변화	痛	아플	통	4급	102
탐색	遠	멀	원	6급	144	탐색	通	통할	통	6급	148
소환	肉	고기	육	4급	117						
변화	隱	숨을	은	4급	96				ㅍ		
변화	衣	옷	의	6급	77						
이동	移	옮길	이	4급	134	변화	平	평평할	평	7급	75
변신	翼	날개	익	3급	63	변화	閉	닫을	폐	4급	76
소환	人	사람	인	8급	163	소환	砲	대포	포	4급	120
변화	一	하나	일	8급	165	소환	風	바람	풍	6급	168
			ㅈ						ㅎ		
이동	前	앞	전	7급	167	변화	解	풀	해	4급	91
변화	接	이을	접	4급	84	변화	現	나타날	현	6급	97
치유	靜	고요할	정	4급	160	변화	協	협력할	협	4급	98
변신	鳥	새	조	4급	61	변화	刑	형벌	형	4급	103
변화	坐	앉을	좌	3급	93	소환	虎	범	호	3급	166
이동	走	달릴	주	4급	109	탐색	畫	그림	화	6급	151
소환	柱	기둥	주	3급	165	심리	喜	기쁠	희	4급	86
소환	竹	대나무	죽	4급	122						
변화	止	그칠	지	5급	74						
소환	地	땅	지	7급	165						

만화로 배우고 퀴즈로 익히는 한자 숙어
마법천자문 고사성어 시리즈

쏙쏙 카드
들고 다니며
고사성어를
배울 수 있어요.

별책 부록
64가지 고사성어에 얽힌
유래와 이야기가
그림과 함께 실려 있어요.

고사성어 만화
퀴즈를 풀기 전 재미있는 만화로
고사성어를 익혀 보세요.

『마법천자문 고사성어』 이래서 좋아요!

1 고사성어를 캐릭터와 마을로 이미지화하여 쉽게 기억할 수 있어요!

2 3단계로 나뉘어진 수준별 퀴즈를 풀면서 고사성어를 재미있게 심화학습 할 수 있어요!

3 고사성어에 담긴 이야기를 모은 『손오공과 함께하는 고사성어 이야기』를 활용하면 더욱 효과적이에요!

마법천자문 고사성어 1~3권 | 각 권 9,800원

마법천자문 고사성어 고급편 1~3권 | 각 권 9,800원

마법으로 배우는 한자 100자

마법천자문 비밀의 사전

❷ 단어마법의 비밀

글 | 김현수 · 아울북 에듀테인먼트 연구소
그림 | 진승남 컬러 | 이명호

1판 1쇄 인쇄 | 2007년 4월 9일
1판 4쇄 발행 | 2010년 2월 17일

펴낸이 | 김영곤
본부장 | 임병주
기획개발 | 은지영 · 박영진
영업 · 마케팅 | 서재필 · 이호석 · 박정규 · 김해나
편집디자인 | design86 이순영 방유선 이애리
표지디자인 | design86 이순영

펴낸곳 | (주)북이십일 아울북
등록번호 | 제10-1965호
등록일자 | 2000년 5월 6일
주소 | 경기도 파주시 교하읍 문발리 파주출판문화정보산업단지 518-3(413-756)
전화 | 031-955-2156(기획개발), 031-955-2100(마케팅 · 영업), 031-955-2171(독자문의)
팩시밀리 | 031-955-2177
홈페이지 | http://www.magichanja.com

값 9,800원
ISBN 978-89-509-1129-4
ISBN 978-89-509-0971-0(세트)

Copyright©2007-2010 by Book21 아울북
All rights reserved. Printed in Korea.
이 책을 무단 복사, 복제, 전재하는 것은 저작권법에 저촉됩니다.

* 잘못 만들어진 책은 구입하신 서점에서 교환해 드립니다.